SIZILIEN

Jack Altman

JPMGUIDES

Inhalt

- **Richtung Sizilien** 3
- **Rückblende** 7
- **Unterwegs** 17
  - *Palermo und Umgebung* 17
  - *Der Westen* 31
  - *Die Südküste* 43
  - *Syrakus und der Südosten* 49
  - *Der Osten* 61
  - *Das Inselinnere* 71
  - *Die Nordküste* 76
  - *Liparische Inseln* 79
- **Kulturnotizen** 84
- **Essen und Trinken** 86
- **Einkaufen** 88
- **Sport** 89
- **Wichtiges in Kürze** 90
- *Register* 96

Karten und Pläne

| Agrigento | 94 |
| Liparische Inseln | 95 |

Faltkarte

Sizilien,
Palermo,
Catania, Siracusa

Richtung Sizilien

Eine eigene Welt

Man hat oft den Eindruck, dass viel mehr als nur die Straße von Messina Sizilien vom italienischen Festland trennt. Die Bewohner der größten Mittelmeerinsel bezeichnen sich selbst denn auch in erster Linie als Sizilianer und höchst selten als Italiener. Das Eiland wurde erst im 19. Jh. Teil des italienischen Königreichs und konnte zu diesem Zeitpunkt auf eine über 3000-jährige Geschichte zurückblicken, die geprägt war durch Besiedlungen und Invasionen aus dem ganzen Mittelmeerraum.

Palermo, die hektische Hauptstadt im Norden der Insel, ist eine phönizische Gründung durch die Kolonie Karthago, doch trägt sie auch die Spuren aller anderen Eroberer – Griechen, Römer, Byzantiner, Araber, Normannen und Spanier. Im Süden schufen die Griechen die Tempel von Agrigento, die sich mit den Bauten in ihrer Heimat ohne weiteres messen konnten. Die Korinther ihrerseits errichteten an der Ostküste das mächtige Syrakus.

Die so genannten *latifundia* im Inselinnern, Großgrundbesitze, die noch heute die Basis der sizilianischen Landwirtschaft bilden, waren ein Werk der Römer; die Araber wiederum brachten ihre Bewässerungssysteme, Dattelpalmen, Mandel-, Orangen- und Zitronenbäume mit. Ihre maurische Architektur bereicherte die normannischen Paläste und Kirchen von Palermo und Monreale. Der Hof des deutschen Kaisers Friedrich II. förderte die sizilianische Poesie und die Wissenschaften, und die österreichischen Habsburger und die spanischen Bourbonen ließen die barocken Schätze von Catania, Noto, Ragusa und Palermo erbauen.

Sizilien ist ein Land der starken Kontraste. Seine turbulente Geschichte und ein subtropisch-mediterranes Klima haben eine Insel geschaffen, die gleichzeitig von düsterer Kargheit und leuchtender Helle ist, mit lieblichen und öden Landschaften und mit einem Volk, das sowohl sanft als auch aufbrausend sein kann. Eine Tradition großen Gelehrtentums mit so meisterhaften Schriftstellern wie Pirandello und Verga blühte in einem Klima tiefen Aberglaubens und inbrünstiger Religiosität.

Feuriges Herz

Das Feuer ist Siziliens Element; es ist ein Land der Vulkane und Erdbeben. An seiner Ostküste

RICHTUNG SIZILIEN

Der stattliche Tempel E von Selinunte war vermutlich Hera gewidmet.

ragt der 3343 m hohe Ätna auf, Europas größter aktiver Vulkan. Die Stadt Catania am Fuß des Berges wurde mehrmals zerstört und wieder aufgebaut.

Mit einer Oberfläche von 25 460 km² bildet die Insel ein Dreieck zwischen Messina, Marsala und Kap Passero. Das Innere ist von Gebirgsketten durchzogen – Peloritani, Nebrodi, Madonie und Mazara im Norden, Iblei im Süden –, die steil ins Meer abfallen. So entstand eine zerklüftete Küste mit zahlreichen Buchten, aber wenig Sandstränden.

Da es kaum erwähnenswerte Flüsse gibt, kann Sizilien nur mit einer fruchtbaren Ebene aufwarten, einem breiten Tal, das sich von Catania Richtung Osten erstreckt. Jahrhundertelanger Raubbau ließ die Wälder Siziliens auf gerade noch 4% der Gesamtfläche schrumpfen, und das ausgedörrte unwirtliche Inselinnere ist spärlich besiedelt. Der größte Teil der 5,2 Mio. Einwohner lebt an der Nord- und Ostküste, wo auch die Ferienorte zu finden sind.

Die sizilianischen Bergketten tauchen vor der Küste noch einmal aus dem Meer auf und bilden im Norden die Liparischen und im Westen die Ägadischen Inseln. Weitere vorgelagerte Eilande sind Ustica im Nordwesten und Pantelleria im Süden.

Sizilien kann für sich beanspruchen, die sonnigste Ecke Europas zu sein: Catania wartet pro Jahr mit durchschnittlich 2500 Sonnenstunden auf, während Syrakus und Taormina mit je 130 den Rekord an wolkenfreien Tagen halten. Die sommerliche Gluthitze wird oft noch durch den sandigen *scirocco* aus der afrikanischen Sahara verstärkt. Der Herbst ist sehr angenehm, und bis in den November hinein ist das Meer zum Schwimmen warm genug. An der Küste bleibt es auch während der Wintermonate mild, obwohl man am Ätna Ski fahren kann. Die beste Jahreszeit für einen Besuch Siziliens ist jedoch der Frühling – im Februar, wenn die Mandelbäume blühen, oder im April, wenn die ersten Erdbeeren reifen und wilde Blumen das Inselinnere in einen Blütenteppich verwandeln.

Gegenüber neugierigen Besuchern sind die auf dem Land lebenden Sizilianer ebenso verschlossen wie ihre dickwandigen, fast fensterlosen Häuser, die vor den glutheißen Sommern schützen. In der Stadt kommen die Leute etwas mehr aus sich heraus, aber nur unter ihresgleichen. Über die Mafia wird hier nicht gesprochen; doch trotz des immer offeneren und manchmal auch erfolgreichen Widerstands bleibt sie eine Tatsache im Leben Siziliens – die *Cosa Nostra* (»Unsere Sache«). Ihr allgegenwärtiger Einfluss auf die Wirtschaft und Politik der Insel ist sichtbar in der Armut der Bauern, die von den für sie bestimmten Subventionen nie etwas zu sehen bekommen, in den Umweltschäden, der Ineffizienz der Industrie, den vernachlässigten archäologischen Monumenten, den zerfallenden Kirchen und Palästen. Aber die geheimnisvolle Schönheit der Insel vermag all dies zu überlagern und zieht die Besucher in ihren Bann.

SIZILIEN AUF DER LEINWAND

Vor seiner aufwändigen Verfilmung von *Il Gattopardo* (1963) hatte der italienische Regisseur Luchino Visconti in *La terra trema* (Die Erde bebt) 1948 das einfache Leben eines Fischerdorfes nördlich von Catania porträtiert. Die Liparischen Inseln dienten oft als Drehort für Filme – von Roberto Rossellinis melodramatischem *Stromboli* (1949) mit Ingrid Bergman als Star bis zu Nanni Morettis satirischem *Caro Diario* (Liebes Tagebuch) 1993 und Michael Radfords bittersüßer Romanze *Il Postino* (1994). Natürlich hat auch die Mafia eine besondere Rolle in Siziliens Filmgeschichte gespielt, unter anderem in Francis Ford Coppolas Saga über die Corleone-Familie in *Der Pate* (1972–74).

Rückblende

Die Anfänge

Sizilien war bereits während der Steinzeit vor rund 10 000 Jahren bewohnt, wie Höhlenzeichnungen am Monte Pellegrino bei Palermo und auf den Ägadischen Inseln beweisen. Die ersten griechischen Siedler, die im 8. Jh. v. Chr. ankamen, fanden drei Volksgruppen vor: die älteste, die Sikaner, wahrscheinlich ein iberischer Volksstamm von der spanischen Südküste, wurde von den Sikulern von der Ostküste ins Landesinnere vertrieben. Diese Eindringlinge aus Italien gaben der Insel auch ihren Namen. Im äußersten Westen bei Érice und Segesta hatten sich die Elymer niedergelassen.

Phönizier und Griechen

Im 8. und 7. Jh. v. Chr. errichteten phönizische Händler Stützpunkte in Palermo und Solunto im Norden und auf der Insel Mozia (Motya) vor der Westküste. Nachdem sie in Tunesien Karthago gegründet hatten, betrachteten die Phönizier ihre sizilianischen Siedlungen eher als befestigte Handelsposten denn als selbstständige Kolonien, wie sie die Griechen an der Ost- und Südküste aufbauten.

Die wichtigste der griechischen Kolonien, das 734 v. Chr. von Korinthern gegründete Syrakus, kontrollierte schnell einmal die Küstenebene und das Hinterland. 688 v. Chr. errichteten Einwanderer aus Rhodos und Kreta Gela an der Südküste. Als die Stadt im nächsten Jahrhundert ihre Macht ausbauen konnte, folgte die reiche Siedlung Agrigent (griechisch *Akragas*) im Westen. Andere Pioniere aus Attika wagten sich noch weiter die Küste entlang und legten den Grundstein für Selinunte.

Auf der Suche nach ergiebigerem Ackerland als zu Hause in der Ägäis fanden die Griechen Sizilien, eine damals noch sehr fruchtbare Insel. In Syrakus bildete sich eine Oberschicht, die die einheimischen Sikuler als Feld- und Hausklaven benutzte. Als die konservativen Großgrundbesitzer 485 v. Chr. durch einen Volksaufstand vertrieben wurden, riefen sie Gela zu Hilfe. Gelon (540–478 v. Chr.), der über die Stadt regierende Tyrann (ursprünglich der griechische Titel für einen absoluten Herr-

Der Ätna, Siziliens feuriges Herz, ist Europas größter Vulkan – und noch immer sehr aktiv.

scher), warf die Rebellion nieder und machte Syrakus zu seinem Hauptsitz; Gela überließ er seinem Bruder Hieron. Zusammen mit Agrigent schlugen die beiden 480 v. Chr. eine karthagische Invasion an der Nordküste bei Himera zurück. Nach einem letzten erfolglosen Aufstand der Sikuler 450 v. Chr. wurde Syrakus zur mächtigsten griechischen Stadt westlich des Mutterlandes. Um diese Bedrohung seiner Vormachtstellung abzuwenden, entsandte Athen 415 v. Chr. eine riesige Flotte. Syrakus überstand die zweijährige Belagerung, nahm 7000 athenische Soldaten gefangen und ging stärker als je aus dem Konflikt hervor.

Nach seinen erfolgreichen Feldzügen gegen die Karthager, die immer wieder in die griechische Kolonie einzufallen versuchten, wurde Dionysios I. Tyrann von Syrakus (405–367 v. Chr.). Obwohl die Karthager im Westen Siziliens einen Stützpunkt aufrechterhalten konnten, dehnte Dionysios sein Reich östlich bis nach Süditalien aus und kolonisierte sogar Teile des heutigen Albanien und Mazedonien. Verschanzt in einer Hauptstadt, die besser befestigt war als jeder andere Ort, wurde er von manchen als Held der griechischen Zivilisation verehrt, gleichzeitig aber wegen seiner Brutalität verurteilt. Die späteren Tyrannen waren so unterschiedlich wie der demokratische, gemäßigte Timoleon (344–336 v. Chr.) und der blutrünstige Despot Agathokles (317–289 v. Chr.), dessen Tod das Ende der syrakusischen Vorherrschaft einleitete.

Das Römische Reich
Von 264–241 v. Chr. wurde Sizilien in den ersten der drei Punischen Kriege zwischen Rom und Karthago um die Vorherrschaft im westlichen Mittelmeer verwickelt. Beide Großmächte versuchten, die Kontrolle über die ganze Insel zu gewinnen. Die Römer besetzten Messina, zwangen Syrakus ein Bündnis auf und nahmen 262 v. Chr. das von den Karthagern beherrschte Agrigent und 254 v. Chr. die strategisch wichtige Festung Palermo ein. In den nächsten fünf Jahren zwangen die Siege der Karthager in den Seekriegen bei Marsala (Lilibaeum) und Trapani die Römer zum Rückzug – bis 242 v. Chr., als eine riesige Flotte nach Marsala zurückkehrte und die Phönizier aus Sizilien vertrieb.

Einzig Syrakus blieb relativ unabhängig von Rom, bis sich die Stadt im Zweiten Punischen Krieg 215 v. Chr. entschloss, an der Seite Karthagos zu kämpfen. Zwei Jahre später entsandte Rom, das dringend Weizen brauchte, abermals eine Flotte nach Sizilien und überrannte die geniale Verteidigungsmaschinerie im Hafen von Syrakus, die vom einheimischen Mathematiker Archimedes konzipiert worden war. Als sich eine Revolte über die Insel verbreitete und karthagische Streitkräfte die Südküste eroberten, durchbrachen die Römer schließlich den syrakusischen Verteidigungswall und gewannen 210 v. Chr. die Kontrolle über Sizilien.

Sizilien wurde zur ersten Provinz des Römischen Reichs mit Syrakus als Hauptstadt. Für die nächsten 600 Jahre blieb die Insel eine Kolonie; die einzigen hier lebenden Römer waren Gouverneure, Steuereintreiber und Soldaten. Gleichzeitig strömten Griechisch sprechende Einwanderer aus allen Ecken des Imperiums auf die Insel. Rom wurde als ferne feindliche Hauptstadt angesehen, was im 2. Jh. v. Chr. zu mehreren Sklavenaufständen führte. Die Römer ließen die Städte im Allgemeinen so, wie sie die Griechen und Phönizier gebaut hatten. Spürbarer war ihr Einfluss auf dem Land, wo sie Straßen, Bewässerungskanäle, Aquädukte und Brücken bauten, vor allem aber die *latifundia* (Großgrundbesitze) einführten.

Abgesehen von den historisch nicht belegten Besuchen der Apostel Petrus und Paulus blieb Sizilien abseits der Hauptströmungen des Frühchristentums. Die Insel diente in erster Linie als Zufluchtsort für Eremiten und mehrere Häretiker der Ostkirche. Die frühesten bekannten christlichen Grabstätten sind die Katakomben von Syrakus, die man im 3. Jh. errichtete. Die Schutzpatronin der Insel, die hl. Lucia, wurde 303 als Märtyrerin hingerichtet.

Byzantiner und Sarazenen
Die römische Herrschaft brach im 5. Jh. zusammen, als zuerst die Wandalen, die Karthago erobert hatten, auf ihrem Rückweg in Sizilien einfielen und dann vom italienischen Festland aus die Ostgoten. Im Jahre 535 begrüßten die meisten Inselbewohner die byzantinische Kolonisierung durch Belisarius, einen General des oströmischen Kaisers Justinian I. Nachdem sie im 7. Jh. eine Zeitlang damit geliebäugelt hatten, Sizilien als Ausgangspunkt für die Eroberung Roms zu benutzen, überließen die Herrscher von Byzanz die Insel schließlich ihrem Schicksal.

Die Besiedlung durch die Sarazenen begann im 8. Jh., als arabische Händler ihre Läden in den Hafenstädten einrichteten. Der große Ansturm kam mit der Eroberung Palermos 831; 878 fiel nach einer langen Belagerung auch Syrakus, und 965 beherrschten die Sarazenen ganz Sizilien. Sie machten Palermo zu ihrer Hauptstadt und statteten sie mit grandiosen Palästen, Gärten und

Moscheen aus. Nach Jahrhunderten der Vernachlässigung blühte die Landwirtschaft wieder auf – mit einem wirksameren Bewässerungssystem und neuen Ernteprodukten: Zucker, Baumwolle, Orangen, Zitronen und Datteln. Die begabten arabischen Ingenieure bauten die römischen Straßen, Brücken und Viadukte aus und verbesserten sie.

Normannische Eroberung
Im 11. Jh., nachdem es der byzantinischen Armee nicht gelungen war, die Insel zurückzuerobern, beschlossen normannische Söldner, die sich um die Früchte der Schlacht um Syrakus betrogen sahen, es selbst noch einmal zu versuchen. Die Gebrüder Hauteville erlangten den päpstlichen Segen, um von ihrem Stützpunkt in Süditalien aus das arabische Sizilien für das Christentum einzunehmen. Robert, der Herzog von Apulien, entsandte 1060 seinen Bruder Roger für diese Mission und folgte ihm 11 Jahre später zur entscheidenden Schlacht um Palermo.

Die Normannen legten eine geradezu unheimliche Fähigkeit an den Tag, das, was sie an der einheimischen Kultur gut fanden,

Karl von Anjou wurde von Papst Clemens IV. mit dem Königreich Sizilien belehnt.

in ihre rigide Feudalherrschaft einzupassen. Neben den Moscheen und orientalischen Palästen errichteten sie Kirchen und Burgen in einer subtilen Verbindung maurischer, römischer und gotischer Stilelemente. Sie stellten arabische Steuereintreiber ein und heuerten byzantinische Admirale für ihre Flotte an. Der in Palermo geborene erste König Siziliens, Roger II. (1095–1154) wurde von griechischen und arabischen Hauslehrern erzogen. Sein Hof war der glanzvolle Mittelpunkt mediterraner Kultur und ein Vorbild intellektueller und religiöser Toleranz.

Unter seinen Nachfolgern zerfiel die normannische Herrschaft langsam. 1190 plünderte Richard I. von England auf dem Weg zum Dritten Kreuzzug Messina. Vier Jahre später untermauerte der Deutsche König der Hohenstaufen (und spätere Kaiser) Heinrich VI. seinen Anspruch auf den sizilianischen Thron durch seine Heirat mit Konstanze, der Tochter Rogers II.

Goldenes Zeitalter unter Friedrich II.
Die Reichsgeschäfte hielten Heinrich bis zum Ende seiner kurzen Herrschaft von Sizilien fern. Kurz bevor er 1197 bei Messina an der Ruhr starb, zerschlug er einen Aufstand normannischer Barone. Der Thron

ging an seinen drei Jahre alten Sohn Friedrich II. (1194–1250), der in der kosmopolitischen Atmosphäre Palermos aufwuchs, geprägt von der Kultur der griechischen und römischen Antike und vertraut mit arabischer und jüdischer Gelehrsamkeit. Dieser Hintergrund führte zusammen mit dem von seiner normannischen Mutter geerbten kühlen Realitätssinn und dem autoritären Charakterzug der Staufer zu einer seltenen Verbindung freigeistiger Raffinesse und skrupellosen Ehrgeizes und machte Friedrich zu einem mittelalterlichen Renaissance-Prinzen.

Er ging als *Stupor Mundi* (»Weltwunder«) in die Geschichte ein, weil Sizilien unter seiner Obhut zu einem Zentrum der Poesie, Medizin, Mathematik und Rechtslehre wurde. Friedrich II. errichtete aber auch eine beachtliche Reihe von Schlössern auf der ganzen Insel, von denen aus er das Unabhängigkeitsstreben der Städte im Keim zu ersticken gedachte. Ketzer ließ er gnadenlos verfolgen, um den eher feindlich gesinnten Papst zu besänftigen. Gegen Ende seiner Herrschaftszeit war die Insel für Friedrich vorab eine Einnahmequelle, aus der er die Kriege für den Zusammenhalt seines Reichs finanzierte. Doch seine Söhne Konrad IV. und Manfred waren nicht im Stande, sich die aufmüpfigen Barone und fremden Rivalen um den sizilianischen Thron vom Leibe zu halten.

Die Stunde der Franzosen
Mit der Unterstützung des französischen Papstes Clemens IV. errang Karl von Anjou die sizilianische Krone und beendete die Herrschaft der Staufer in Italien mit seinem Sieg über Manfred im Jahre 1266. Der Bruder König Ludwigs IX. strafte die Inselbewohner mit der Konfiszierung ihrer Ländereien und einschneidenden Steuern. Bauern und Edelleute brauchten wenig Ermutigung durch die spanischen Feinde des Königshauses von Anjou, um die ganze Insel zur Revolte aufzustacheln.

Der Aufstand begann mit der so genannten Sizilianischen Vesper von 1282. Am Abend des Ostermontags läuteten die Glocken in der Kirche Santo Spirito in Palermo zur Abendmesse als Signal für den Angriff auf die französischen Soldaten. Die darauf folgenden Tumulte in der Stadt führten zum Massaker an 2000 Franzosen und breiteten sich über die ganze Insel aus; Karl floh nach Neapel.

**500 Jahre
spanische Herrschaft**
Während des größten Teils des 14. Jh. wurden die Spanier geschwächt durch den Krieg gegen

die Herrscher von Anjou in Neapel und den Konflikt mit dem Papst. Die mächtigsten Feudalherren Siziliens wie die Chiaramonte, Ventimiglia und Sclafani wirkten in ihren jeweiligen Gebieten als absolute Monarchen mit Heerscharen von Vasallen. Um ihre Ländereien gegen die Übergriffe der spanischen Aristokratie zu schützen, unterhielt jeder dieser Barone eine private Armee, die *mafia* – ein wahrscheinlich vom arabischen Wort »Schutz« stammender Begriff –, die wiederum die einheimischen Bauern terrorisierte.

Um zumindest einen Anschein von Ordnung wiederherzustellen, wurde die Insel ab 1410 direkt von Spanien aus regiert und fünf Jahre später ein Vizekönig nach Palermo beordert. Die Spanier benötigten den sizilianischen Weizen, und gegen das Versprechen, die Fehden einzustellen, erhielten die Barone freie Hand über ihre Ländereien.

Die letzten Spuren der jahrhundertealten Tradition religiöser Toleranz verschwanden, als die Reconquista 1487 die Inquisition nach Sizilien brachte und fünf Jahre später Muslime und Juden vertrieb.

Im 16. Jh. erwies sich die Entdeckung Amerikas als katastrophal für Siziliens Wirtschaft, weil die spanischen Kaufleute das Mittelmeer zu Gunsten des Atlantiks aufgaben. Da war es nur ein kleiner Trost, dass die jahrelange Bedrohung durch türkische Piraten abgewendet werden konnte, nachdem ein Bündnis spanischer, venezianischer und päpstlicher Streitkräfte die türkische Flotte 1571 besiegte. Gegen die Banditen im eigenen Land wurde nichts unternommen. Diese direkten Nachkommen der Soldaten der Feudalherren legten den Grundstein zum modernen organisierten Verbrechen.

Nachdem Sizilien im 17. Jh. zum rückständigen Hinterland verkommen war, wurde es darüber hinaus noch von zwei gigantischen Naturkatastrophen heimgesucht: 1669 verwüstete die Lava des Ätna die ganze westliche Hälfte Catanias und 12 Dörfer; das Erdbeben von 1693, das zerstörerischste, das in Europa geschichtlich belegt ist, forderte nach Schätzungen 100 000 Opfer. Die beiden Ereignisse hatten aber auch zur Folge, dass Noto, Catania, Syrakus, Ragusa und andere Städte wieder aufgebaut wurden und heute zu den schönsten europäischen Zeugnissen barocker Architektur zählen.

Während des Spanischen Erbfolgekrieges (1701–14) wechselte die Insel von einer Hand in die andere, bevor sie mit den Bourbonen wieder unter spanische Herrschaft kam. Unberührt von den Napoleonischen Kriegen, reagierte Sizilien mit revolutionärer Inbrunst auf die nationalistischen Aufstände von 1848 in Europa. Revolten in Palermo und Messina wurden niedergeschlagen, aber der Boden war vorbereitet für die Bewegung, die das Land mit dem neuen italienischen Königreich vereinigen wollte.

Zusammenschluss mit Italien
Der Sieg über die Österreicher im Jahre 1859 förderte die Einigung Italiens und bewog die Sizilianer 1860 zu einem erneuten Aufstand gegen die Bourbonen. Einen Monat später brach Giuseppe Garibaldi mit seiner berühmten »Expedition der Tausend« auf, um sich der 20 000 Mann starken Inseltruppe der Spanier entgegenzustellen. Die in rote Hemden gekleideten Patrioten landeten in Marsala und marschierten ins Inselinnere, wo sie in Calatafimi ihren ersten Sieg errangen. Ende Mai hatte Garibaldi bereits Palermo eingenommen und erklärte sich zum neuen Herrscher »im Namen Viktor Emanuels, König von Italien«. Mit Verstärkung aus Norditalien stürmten die Rothemden zu ihrem Sieg in der Entscheidungsschlacht von Milazzo im Juli. Mitte August überquerte Garibaldi die Straße von Messina, vertrieb die Bourbonen endgültig auch vom Festland und führte Sizilien und Süditalien dem neuen Königreich zu.

Nachdem sie sich ihm vorschnell angeschlossen hatten, waren viele sizilianische Bauern verstimmt darüber, dass Garibaldi die riesigen Landgüter nicht auflöste und umverteilte. Dennoch stimmten sie im Oktober in einer Volksbefragung mit großem Mehr für die Vereinigung.

Allerdings ging es ihnen unter den neuen italienischen Herren nicht besser. Ihre Vertretung im Parlament war minimal, und die Landreform fand nicht statt. Trotz des zu entrichtenden »Schutzgeldes« schien die wachsende Mafia etlichen Sizilianern eine bessere Verteidigung gegen die tyrannischen Großgrundbesitzer zu sein als die weit entfernte Regierung in Rom. Sogar der aus Sizilien stammende Held des Risorgimento, Francesco Crispi, Premierminister in den 1880er- und 90er-Jahren, machte gemeinsame Sache mit den Landbaronen und entsandte eine 30 000 Mann starke Truppe, um eine Revolte niederzuschlagen. Zu Beginn des 20. Jh. wanderten tausende von Sizilianern nach Amerika aus.

Krieg und Frieden
Siziliens Landwirtschaft litt unter der Eroberung Libyens durch Italien und dessen Verwicklung in den 1. Weltkrieg. Die Machtergreifung Mussolinis im Jahre 1922 in Rom schien auch das Ende der Mafia zu bedeuten. Um

RÜCKBLENDE

ihre eigene Macht auf der Insel zu festigen, brachten die Faschisten tausende von *mafiosi* ins Gefängnis, aber nur mit Hilfe der genauso verhassten Großgrundbesitzer. Mit seinem Übergriff auf Afrika setzte Mussolini auch den Plan um, aus Sizilien die Kornkammer seines neuen Römischen Reichs zu machen. Die Weizen-Monokultur laugte die Böden aus; die landwirtschaftlichen Experimente der Faschisten fanden ein abruptes Ende mit dem Ausbruch des 2. Weltkriegs und der Besetzung durch die deutsche Armee.

Am 10. Juli 1943 landeten die alliierten Streitkräfte an der Südküste der Insel. Acht Divisionen mit insgesamt über 150 000 Soldaten waren an diesem Befreiungsschlag beteiligt, mehr als bei der Landung in der Normandie elf Monate später. Die mehrheitlich aus Sizilianern bestehenden italienischen Truppen, die die Küstenlinie verteidigen sollten, leisteten nur oberflächlichen Widerstand. Hinter ihren Linien stoppten allerdings deutsche Panzer und Fallschirmjäger den britischen Vormarsch auf Catania, während die Amerikaner die Insel überquerten, um am 22. Juli Palermo einzunehmen (mit Hilfe der lokalen Mafia). Nach verheerenden Bombardierungen trafen Amerikaner und Briten am 17. August bei Messina aufeinander; 60 000 italienische und fast 40 000 deutsche Soldaten konnten mit gepanzerten Fahrzeugen und schwerer Artillerie entkommen und kämpften auf dem Festland weiter.

Der Frieden war für Sizilien alles andere als friedlich. Die Bauern litten fast überall unter Hungersnöten und Verbrechen, als die Mafia sich mit den Großgrundbesitzern zusammenschloss, um das Ackerland unter ihre Kontrolle zu bringen. Die Autonomie, für die die Sizilianer 1946 stimmten, wurde zur Farce, weil die von der Mafia kontrollierten Christdemokraten die lokale Regierung in ihrem korrupten Würgegriff hielten. Die Insel bekam wenig mit vom Wirtschaftswunder Italiens – staatliche Finanzierungshilfen und Landwirtschaftssubventionen sickerten nie bis zu den Unterprivilegierten durch.

Als die Bauwirtschaft eine dominierende Rolle in den »legitimen« Geschäften der Mafia zu spielen begann, erlebten die Städte ein spektakuläres, aber chaotisches Wachstum. Heute, da das organisierte Verbrechen endlich geschwächt ist, nachdem die Justiz und die Armee ihm den totalen Krieg erklärt haben, kann Sizilien Nutzen daraus ziehen. Viele Menschen brechen mit dem uralten Schutzcode der *omertá* (Schweigen), und die aufstrebende Tourismusindustrie sorgt für eine zusätzliche Öffnung.

Unterwegs

Die Hauptstadt Palermo und das nahe Monreale sind der ideale Ausgangspunkt für eine Rundreise, die über das mittelalterliche Érice zur Westseite der Insel nach Trapani und Marsala führt. Die wichtigste Sehenswürdigkeit der Südküste ist das antike Agrigento. Wer nach Catania fliegt, kann Syrakus im Süden erkunden oder sich nördlich Richtung Ätna, Taormina und Messina wenden. Einen Besuch lohnt auch das spärlich besiedelte gebirgige Hinterland um Enna und Caltagirone. Die Region von Cefalù an der Nordküste kann mit mehreren beliebten Badeorten aufwarten; von Milazzo aus bietet sich ein Abstecher zu den Liparischen Inseln an.

▶ PALERMO UND UMGEBUNG
Mittelalterliches Zentrum, Rund um den Normannenpalast, Moderne Stadt, Ausflüge

Der erste Eindruck von dieser alten Hafenstadt (688 000 Einwohner) an der Nordwestküste ist der eines totalen Chaos. Doch im historischen Zentrum, hinter den weitläufigen Vororten und verborgen zwischen modernen Bürohäusern, liegt eine vibrierende Metropole mit all ihren baulichen Schätzen aus der Zeit der arabischen, byzantinischen, normannischen und spanischen Herrscher. Unter den Schichten der Verwahrlosung und den immer noch sichtbaren Zerstörungen des 2. Weltkriegs ist auch die einstige Eleganz der Stadt auszumachen. Leichter zu finden sind die köstlichen Lebensmittelmärkte und Palermos Eisdielen, Cafés und Pizzerias, die zu den besten Italiens gehören sollen, was in diesem Fall heißt zu den besten der Welt.

Falls Sie mit dem Wagen unterwegs sind, sollten Sie außerhalb des Stadtzentrums parkieren, zum Beispiel rund um die Piazza Castelnuovo in der Nähe der Haltestelle des Flughafenbusses und des Fremdenverkehrsbüros. Eine weitere Informationsstelle gibt es

▶ MITTELALTERLICHES ZENTRUM

beim Hauptbahnhof (Stazione Centrale). Am besten erkundet man das Gewirr der mittelalterlichen Gassen in der Altstadt zu Fuß. Zum Normannenpalast und der Kathedrale, zu den Museen, dem alten Hafenviertel La Cala und den umliegenden Parks können Sie den Bus nehmen.

Mittelalterliches Zentrum

Rund um die Kreuzung Quattro Canti erstreckt sich die größtenteils von den Spaniern im 17. Jh. erbaute Altstadt, wo sich Seite an Seite die Überreste barocker, maurischer und gotischer Architektur finden, manchmal in ein- und demselben Gebäude. Das Labyrinth enger Gassen wurde angelegt, um Invasoren abzuhalten – heute haben die Touristen ihre liebe Mühe damit. Immerhin können Sie dank der modernen Stadtplaner stets Ihren Weg zurück zu den Durchgangsstraßen finden: zur Via Maqueda, zur Via Roma und zum Corso Vittorio Emanuele.

Quattro Canti

Mit »Vier Ecken« bezeichnet der Volksmund die verschmutzte Piazza Vigliena an der Kreuzung der Via Maqueda und des Corso Vittorio Emanuele. Die Barockfassaden der Gebäude rund um die Piazza wurden 1608 vom römischen Architekten Giulio Lasso entworfen und 1620 fertig gestellt. Über dem mit allegorischen Statuen der vier Jahreszeiten geschmückten Brunnen thronen vier spanische Vize-

---

HÖHEPUNKTE

- **Oratorien von Santa Zita, San Domenico und San Lorenzo** – Kostbarkeiten des sizilianischen Barocks.
- **Palazzo Abatellis** – die Galleria Regionale beherbergt einige der schönsten sizilianischen Malereien und Skulpturen.
- **Palazzo dei Normanni** – mittelalterlicher Palast mit Meisterwerken europäischer und islamischer Kunst.
- **San Giovanni degli Eremiti** – einstige Moschee, die in ein erlesenes arabisch-normannisches Kloster umgewandelt wurde.
- **Vucciria-Markt** – gilt als einer der schönsten Märkte im ganzen Mittelmeerraum.
- **Monreale** – großartige byzantinische Mosaike in der Kathedrale und im Benediktinerkloster.

MITTELALTERLICHES ZENTRUM

könige und – zuoberst – die vier Schutzheiligen der Stadt.

Piazza Pretorio
Auf dem Platz gegenüber von San Giuseppe, auf der anderen Seite der Via Maqueda, steht ein prachtvoller Renaissance-Brunnen mit nackten Nymphen, die einen Skandal auslösten, als sie 1573 von Florenz hierher gebracht wurden. Prüde Zeitgenossen nannten den Platz, an dem sich der Regierungssitz (Pretorio, heute Municipio) befindet, Piazza Vergogna (Platz der Schande), aber die Skulpturen Camillo Camillianis blieben erhalten.

Piazza Bellini
Dieser Platz hinter dem Rathaus war im Mittelalter das Zentrum Palermos; zwei erhöht stehende Kirchen und Schatten spendende Bäume lassen immer noch etwas erahnen vom kosmopolitischen Geist jener Zeit. Die kubusförmige San-Cataldo-Kirche (12. Jh.), die einst als Synagoge diente, hat drei kleine rote Kuppeln und ist mit arabischen Inschriften verziert. Der einzige Schmuck im kahlen Innern sind der schlichte Mosaikboden und der geschnitzte Altar.

Ein Juwel normannisch-gotischer Architektur ist die Martorana-Kirche mit dem hübschen Glockenturm und hochragenden Fenstern mit Stabwerk. Sie wurde 1143 für den griechisch-orthodoxen Admiral von König Roger II., Georg von Antiochien, erbaut. Nachdem die Spanier das Gotteshaus den Benediktinern geschenkt hatten, fügte man im 16. Jh. die Barockfassade hinzu. Die Marzipansüßigkeiten in Form von Früchten, die die Mönche im benachbarten Konvent herstellten, sind als *frutta di Martorana* bekannt; seit 1937 ist die Kirche allerdings wieder griechisch-orthodox. Die wunderschönen byzantinischen Mosaike von Martorana sind – zusammen mit denen der Palatina-Kapelle im Normannenpalast – die ältesten Siziliens.

Vucciria-Markt
Östlich der Via Roma, zwischen der Via Pannieri und Via Argenteria, liegt der bekannteste und lebendigste Straßenmarkt Palermos, der Mercato Vucciria, ursprünglich ein arabischer Basar. Hier gibt es so gut wie alles zu kaufen, und die Stände, die überquellen von Schwert-, Tun- und Tintenfischen, lassen vermuten, dass die vielen nahen Restaurants die frischesten Meeresgerichte in der Stadt anbieten.

La Cala
Bevor sie im 16. Jh. zu verschlammen begann, reichte Palermos natürliche Hafenbucht bis zur heutigen Via Roma. Jetzt sind

MITTELALTERLICHES ZENTRUM

hier nur noch ein paar Fischerboote dem Kai entlang vertäut. Im 2. Weltkrieg schwer zerbombt und nie richtig wieder aufgebaut, ist das alte Hafenviertel ziemlich heruntergekommen, besitzt aber einige sehenswerte Barockkapellen und -kirchen. Auf der Südseite des Hafens öffnet sich das monumentale Stadttor Porta Felice zum Corso Vittorio Emanuele. Daneben steht die Kirche Santa Maria della Catena (hl. Maria von der Kette – die einst nachts den Hafen zusperrte), eine gelungene Verbindung von spätgotischer, katalanischer und Renaissance-Architektur.

Oratorien-Kapellen

Die drei Oratorien aus dem späten 16. Jh. nördlich von La Cala zählen zu Italiens schönsten kleinen Barockbauten. Das Innere dieser Kapellen dient vor allem als würdiger Rahmen für das außerordentliche Talent Giacomo Serpottas (1656–1732), des städtischen Meisters monumentaler Stuckarbeiten.

Das Oratorio di Santa Zita (hinter der gleichnamigen Kirche an der Via Squarcialupo) ist bekannt für die üppigen Stuckengel und allegorischen Figuren, die die Rosenkranz-Mysterien illustrieren. Die herausragendste Leistung ist jedoch die Darstellung des großen Sieges der Italiener über die Türken in der Schlacht von Lepanto (1571) auf der Innenmauer über dem Eingang.

Das Oratorio di San Domenico (an der Nordseite des Vucciria-Marktes) wurde von Malteser Rittern erbaut, die hier mit ihren Frauen und Kindern dargestellt werden. Serpotta versah seine Kunstwerke normalerweise mit seinem Emblem, einer goldenen Schlange – hier zu sehen an der Säule der zweiten Figur rechts.

Als Serpottas Meisterwerk gilt das Oratorio di San Lorenzo (Via Immacolatella) mit zehn symbolischen Statuen und acht Szenen aus dem Leben und dem Martyrium des hl. Laurentius.

Palazzo Chiaramonte

An der Piazza Marina südlich des alten Hafens steht dieser prachtvolle mittelalterliche Palast, der im 14. Jh. Wohnsitz einer der mächtigsten Adelsfamilien Siziliens war. Die Chiaramonte-Dynastie hatte so viele Residenzen, dass sie einem eigenen Stil sizilianischer Gotik ihren Namen lieh – schön zu sehen hier in der zinnengeschmückten Fassade und den Fenstern mit doppeltem oder dreifachem Stabwerk. Der letzte Chiaramonte, Andrea, wurde 1396 vor seinem Palast enthauptet, weil er sich gegen die spanischen Herrscher aufgelehnt hatte. Obwohl die meisten Exekutionen Palermos auf diesem Platz stattfanden, stimmt es nicht, dass die

MITTELALTERLICHES ZENTRUM

Palermos Duomo wurde mehrfach erweitert und vereint deshalb verschiedenste Stilelemente – von arabisch-normannischen zu neuklassizistischen.

Verbrecher an den ausladenden Banyan-Bäumen im Giardino Garibaldi in der Mitte der Piazza gehängt wurden. Der spanische Vizekönig machte das Gebäude zu seiner Residenz, bevor es 1601 zum Hauptquartier der Inquisition wurde.

Puppenmuseum
Das Museo Internazionale delle Marionette an der Via Butera 1 nahe des Hafens beherbergt nach einem jahrhundertealten Brauch der Stadt Puppen, Marionetten und Schattentheater von Palermo, Trapani und Neapel, aber auch aus Indien, Bali, Malaysia, Thailand, Kambodscha, Griechenland und der Türkei. Es finden Vorstellungen statt, die meist in lebensnah gespielten mittelalterlichen Schlachten zwischen christlichen Rittern und arabischen Invasoren gipfeln. Die beliebte Tradition wird auch als Sommer- und Straßentheater in der Opera dei Pupi am Vicolo Ragusi 6 nahe der Kathedrale und im Teatro Carlo Magno gegenüber der Santa-Zita-Kirche aufrechterhalten (nähere Informationen im Tourismusbüro).

Galleria Regionale della Sicilia
In der Via Alloro, im Zentrum des heruntergekommenen alten

arabischen Viertels La Kalsa, befindet sich das wichtigste Museum der Stadt; es ist untergebracht im Palazzo Abatellis, dem liebevoll restaurierten ehemaligen Wohnhaus des königlichen Hafenmeisters. Der zauberhafte quadratische Innenhof mit dem monumentalen Eingangstor, den Arkaden, Säulen und Stabwerkfenstern ist ein Gemisch aus katalanisch-gotischer und Renaissance-Architektur.

Die Ausstellungen sind der Kunst Siziliens vom Mittelalter bis ins 18. Jh. gewidmet. Im Erdgeschoss werden großartige arabische Holzschnitzereien aus dem 12. und byzantinische Mosaike des 13. Jh. gezeigt. Glanzstücke sind die weiße Marmorbüste *Eleanor von Aragon* und ein schauriges Fresko mit dem Titel *Triumph des Todes*, beide von Francesco Laurana (15. Jh.).

Im ersten Stock kann man unter anderem Werke des bekanntesten sizilianischen Malers, Antonello da Messina (1430–79), Porträts von Kirchenvätern und eine meisterhafte *Mariä Verkündigung* bewundern.

Rund um den Normannenpalast

Im Gebiet am westlichen Ende des Corso Vittorio Emanuele zwischen dem Normannenpalast und der Kathedrale siedelten die Phönizier im 8. Jh. v. Chr. ihren ersten Handelsposten an. Die karthagische Armee errichtete auf dem erhöhten Areal eine Zitadelle, die von den Römern, Byzantinern und Arabern weiter ausgebaut und schließlich von den Normannen zur königlichen Residenz gemacht wurde.

Palazzo dei Normanni

Der Palast aus dem 12. Jh., einst ein angemessen grandioser Rahmen für das luxuriöse Hofleben unter dem normannischen König Roger II. und dem deutschen Kaiser Friedrich II., wurde von deren Nachfolgern dem Zerfall überlassen. Die spanischen Vizekönige bauten ihn im 16. und 17. Jh. in seiner heutigen Gestalt wieder auf, und er dient nun als Sitz des sizilianischen Provinzparlaments. Die meisten der einstigen Königsgemächer sind für das Publikum nicht zugänglich, doch in der Sala di Rè Ruggero können Sie einige prachtvolle Wand- und Deckenmosaike (1170) sehen.

Cappella Palatina

Die königliche Kapelle (1130) im ersten Stock ist das Schmuckstück des Palastes und eines der schönsten Beispiele normannischer Misch-Architektur in ganz Italien. Das vorwiegend romanische Innere stellt eine perfekte Verbindung europäischer und arabischer Handwerkskunst dar. Die bemalte Holzdecke mit den verschlungenen Wabenmotiven, stalaktitartigen Gewölbebogen und winkelförmigen kufischen Inschriften ist das Werk muslimischer Meister aus Syrien. Byzantinische Christen schufen 1143 das Mosaik in der Apsis, das Christus Pantokrator zwischen Petrus und Paulus und Stationen aus dem Leben Christi mit seiner Mutter Maria darstellt. Die biblischen Szenen mit lateinischen Inschriften im Kirchenschiff sind später entstanden.

San Giovanni degli Eremiti
In der Via dei Benedittini südlich des Normannenpalastes erblickt man hinter eisernen Eingangstoren die fünf roten Kuppeln der im 12. Jh. erbauten Kirche des hl. Johannes der Eremiten – die Quintessenz der arabisch-normannischen Vergangenheit Palermos. Die Abteikirche steht an der Stelle einer Moschee aus dem 10. Jh.; ein Teil des muslimischen Paradiesgartens wurde zum Kreuzgang eines Benediktinerklosters, der noch heute mit exotischen Pflanzen bewachsen ist. Sichtbar sind Überreste des Eingangs der Moschee und ein Brunnen für die rituellen Waschungen.

Duomo
Das massive Bauwerk an der Nordseite des Corso ist seit seiner Errichtung im Jahre 1185 unter dem englischen Erzbischof der Stadt, Walter of the Mill (für die Italiener Gualtiero Offamilio), mehrere Male abgeändert worden. Wie viele Kirchen Palermos ersetzte auch diese damals eine Moschee, die ihrerseits auf dem Grundstück einer frühchristlichen Basilika erbaut worden war, für deren Konstruktion man die Säulen eines römischen Tempels verwendet hatte. Die schönen arabisch-normannischen geometrischen Muster an der zinnenbewehrten Apsis an der Ostseite der heutigen Kirche sind immer noch zu sehen. Das katalanisch-gotische Südportal wurde im 15. Jh. beigefügt, während die neuklassizistische Kuppel Teil des Wiederaufbaus aus dem 18. Jh. ist. Im Innern der Kathedrale befinden sich die Gräber der normannischen und staufischen Herrscher Siziliens, unter anderen Rogers II. und Friedrichs II.

Moderne Stadt
Die Via Maqueda folgte der Ausdehnung der Stadt Richtung Norden im 19. und 20. Jh. und wurde um die Via Ruggero Settimo und den Viale della Libertà verlängert. Hier bauten die reichen Bürger Palermos ihre prachtvollen Villen, das Theater und die Oper.

Teatro Massimo
Wie ein Symbol für das Wiederaufleben Palermos thront das neuklassizistische Opernhaus auf

der Piazza Giuseppe Verdi – eine richtiggehende Kultstätte für die traditionelle Liebe Siziliens zur Musik. Das von Giovanni Battista Basile 1875 entworfene Gebäude mit seiner riesigen Kuppel und den sechs korinthischen Säulen ist eines der größten Opernhäuser Europas: 3200 Zuhörer haben im fünfgeschossigen Auditorium Platz. Nach einem halben Jahrhundert des Zerfalls durch Krieg, Vernachlässigung und »Mätzchen« der Mafia öffnete es 1997 seine Tore wieder dem Publikum, genau 100 Jahre nach seiner Fertigstellung durch Basiles Sohn Ernesto.

Museo Archeologico

Das ehemalige Kloster Sant'Ignazio all'Olivella (17. Jh.) an der Piazza Olivella östlich des Teatro Massimo beherbergt das wichtigste archäologische Museum der Insel. Es widmet sich Siziliens Geschichte von der Steinzeit bis zu den letzten Jahren des Römischen Reichs im 4. Jh., hinzu kommen ägyptische und etruskische Exponate aus privaten Sammlungen.

Im Erdgeschoss sind nebst phönizischen und ägyptischen Steintafeln, Sarkophagen und Skulpturen auch die kostbarsten Schätze des Museums zu sehen, die aus den Tempeln von Selinunte am Westende der Insel stammen: frühgriechische Bronze- und Marmorskulpturen, Tempelfriese, mehrfarbige Tonfiguren, Keramik und Juwelen. Als einzigartig gelten der Fries von *Perseus und den Gorgonen* (560 v. Chr.) und der bronzene *Ephebe von Selinunt* (487 v. Chr.). Im ersten Stock finden sich bemerkenswerte Werke der späthellenistischen Periode, unter anderem ein bronzener Widder aus Syrakus (3. Jh. v. Chr.) und eine Statue von Zeus (2. Jh. v. Chr.), die östlich von Palermo bei Solunto ausgegraben wurde. Die schönste

---

SIZILIANISCHER JUGENDSTIL

In Palermos neueren Stadtteilen finden sich mehrere Beispiele der reichen Jugendstil-Architektur des späten 19. Jh., die die Italiener als *stile Liberty* kennen. Populär wurde der Jugendstil in Sizilien durch Ernesto Basile (1857–1932), der ihn um hölzerne, schmiedeeiserne und gläserne Ornamente bereicherte. Er fügte dem Teatro Massimo seines Vaters zwei Liberty-Pavillons an der Vorderseite hinzu; seine bekannteste Kreation ist aber die Villa Igeia – heute ein Hotel – in Acquasanta am Fuß des Monte Pellegrino. Weitere Werke sind die Villa Favalano Di Stefano (Piazza Virgilio), die Villa Malfitano (Via Dante 167) und Villino Basile (Via Siracusa 13).

MODERNE STADT • AUSFLÜGE

römische Skulptur ist ein bronzener *Herkules mit Hirsch* (4. Jh. n. Chr.), die Kopie eines klassischen griechischen Werkes. Im zweiten Stock gibt es neben römischen Mosaiken und griechischen Töpferarbeiten auch noch eine prähistorische Sammlung.

Fondazione Mormino
Am Viale della Liberta 52 zeigt die Banca di Sicilia in der grandiosen Villa Zito hübsch angeordnete archäologische Funde aus von ihr finanzierten Ausgrabungen. Einige Exponate datieren bis ins 6. Jh. v. Chr. zurück; zu sehen ist zudem eine schöne Sammlung von Drucken und Stichen aus dem 16. Jh. mit Ansichten des Mittelmeers, Siziliens und Palermos.

Ausflüge
Stadtbusse bringen Sie vom Zentrum aus bis zum Monte Pellegrino, zu den Stränden von Mondello und zur Klosterstadt Monreale, auf der andern Seite des fruchtbaren Conca d'Oro-Tales südwestlich Palermos. Etwas weiter entfernt sind die alte albanische Kolonie Piana degli Albanesi und die berühmt-berüchtigte Mafia-Hochburg Corleone. Die Küste entlang Richtung Osten gelangt man nach den Vorstädten zur griechisch-römischen Siedlung Solunto und zu den Villen, die die Adligen des alten Palermo in Bagheria erbauten. Nördlich der Hauptstadt liegt die Vulkaninsel Ústica im Tyrrhenischen Meer.

Parco della Favorita
Palermitani und Touristen können der Hektik der Stadt in diesen großen Park entfliehen, der sich über 400 ha bis zum Fuß des Monte Pellegrino erstreckt (Eingang bei der Porta Leoni). Die liebliche Waldlandschaft wurde 1799 zum Jagd- und Fischrevier des Bourbonenkönigs Ferdinand III., nachdem ihn Napoleons Armeen aus Neapel vertrieben hatten. Heute umfasst der Park mehrere Sportarenen und -stadien, Gartenanlagen und eine monumentalen Herkules-Brunnen. Der chinesische Palast war Ferdinands Sommerresidenz.

Museo Etnografico Pitre
In den an den chinesischen Palast angrenzenden Dienstboten-Trakten befindet sich ein der sizilianischen Folklore gewidmetes Museum mit Musikinstrumenten, Trachten, Puppen, Spielzeug und allerlei Jagd-, Fischerei-, Web- und Stickereigeräten. Ferner gibt es einige hübsche Kutschen aus dem 17. Jh.

Monte Pellegrino
Der heute von den ausufernden Vorstädten Palermos umgebene Berg wurde einst von Goethe als »das schönste Vorgebirge der

AUSFLÜGE

Welt« bezeichnet. Viel besucht ist die Pilgerkirche Santa Rosalia (eine Schutzheilige der Stadt) aus dem 17. Jh.; das von den Wänden des Höhlen-Heiligtums tropfende Wasser soll wundertätige Eigenschaften haben. Für den 45-Minuten-Fußmarsch durch Pinienwälder zum Gipfel auf 606 m Höhe wird man mit einer wunderschönen Aussicht auf die Buchten südlich und westlich der Berge belohnt. Die Addaura-Höhlen an den Nordhängen des Monte Pellegrino gehören zu den frühesten bekannten menschlichen Behausungen der Insel vor etwa 10 000 Jahren. Werkzeuge, steinzeitliche Gerätschaften und Abdrucke der Höhlenzeichnungen sind im archäologischen Museum in Palermo ausgestellt.

Mondello

Palermos sehr beliebte Badestrände ziehen sich über 2 km nördlich des Monte Pellegrino hin. Eine besondere Attraktion sind die Fisch-Restaurants; am Abend machen die Palermitani hier Halt auf ihrer *passeggiata* entlang dem Meeresufer. Die Nachtluft ist erfüllt vom Surren der Motorroller und dem unablässigen Dröhnen der Open-Air-Diskotheken.

Santo Spirito

Das strenge normannische Gebäude aus dem 12. Jh., auch bekannt als Vesperkirche, liegt versteckt im Sant'Orsola-Friedhof südwestlich des Hauptbahnhofs. Hier läuteten am Ostermontag 1282 die Vesperglocken zum Zeichen für den Aufstand gegen die Franzosen.

Monreale

Die benediktinische Klosterstadt 8 km südwestlich Palermos ist eines der künstlerischen Glanzstücke Siziliens. Die Hinfahrt bietet eine wunderbare Sicht auf die Obst- und Gemüsegärten des Conca d'Oro-Tals (goldene Muschel). Das Kloster wurde 1174 von William II. gegründet – in einem Wettlauf mit dem ehrgeizigen englischen Erzbischof Walter of the Mill, der zwei Jahre zuvor mit dem Bau der Kathedrale in Palermo begonnen hatte. Wegen seiner prachtvollen Abteikirche wurde jedoch Monreale (königlicher Berg) 1183 mit dem Sitz des Erzbischofs, zwei Jahre bevor das Gotteshaus in Palermo fertig gestellt war.

Monreales normannische Kathedrale, die als eines der schönsten mittelalterlichen Gebäude Italiens gilt, vereinigt in sich das Großartigste der römischen, byzantinischen und arabischen Architektur und Handwerkskunst. Achten Sie im hinteren Teil (Eingang Via dell'Arcivescovado) auf die Kanzel aus rotbraunem Kalkstein und schwarzem Basalt,

AUSFLÜGE

Der Christus Pantokrator (Allmächtige) in der Apsis der Kathedrale von Monreale erstrahlt in überwältigendem Glanz.

die prunkvollen Apsiden, die schön geformten Rosetten und die islamischen Fenster mit den Spitzbogen. Das im 18. Jh. an der Westseite (Piazza Guglielmo II) angebaute Portal ist mit zwei monumentalen getäfelten Bronzetoren versehen, die 1185 von Bonanno Pisano geschaffen wurden, der auch den Turm von Pisa entworfen haben soll. Ruhm und Stolz der Kirche sind aber die Mosaike aus dem 12. und 13. Jh., die dem weitläufigen Inneren (Eingang Piazza Emanuele) Glanz verleihen. Die biblischen Szenen im Mittelschiff und der Christus Pantokrator in der Halbkuppel der Apsis sind das Werk byzantinischer und venezianischer Künstler; die Mosaike in den Seitenschiffen stellen die Wunder Jesu dar.

Der lange Aufstieg zum Südwestturm der Kathedrale wird mit einer wunderbaren Aussicht auf Monreale und seine Umgebung belohnt. Der Kreuzgang (Eingang Piazza Guglielmo II) ist alles, was vom alten Benediktinerkloster übrig geblieben ist. Seine arabisch-normannische Gestaltung verbindet meditative Ruhe mit orientalischer Sinnlichkeit in einer Gartenanlage voller exotischer Pflanzen und mit einem prächtigen Springbrunnen. Die paarweise angeordneten Säulen –

jedes zweite Paar ist mit Verzierungen oder Mosaikbändern versehen – stützen normannische Spitzbogen auf korinthischen Kapitellen. Wunderschön behauene Marmorblöcke über den Kapitellen stellen biblische, allegorische und mythologische Szenen dar.

Piana degli Albanesi

Auf der Flucht vor den Türken ließ sich hier im 15. Jh. eine albanische Gemeinschaft nieder, die bis heute ihre Sprache, Sitten und ihren orthodoxen Glauben beibehalten hat. Die Stadt ist eine Fahrstunde von Palermo entfernt und liegt in einer üppig grünen Landschaft nahe eines schönen künstlichen Sees. Während der orthodoxen Osterfeiern zeigen sich die Einwohner in ihren traditionellen Trachten; etliche ältere Bürger tragen die feinen Kleider auch für den regulären Sonntagsgottesdienst. Die wichtigste der drei Kirchen entlang der Hauptstraße Corso Kastriota ist San Demetrio aus dem 16. Jh. mit Fresken Pietro Novellis. Alte albanische Trachten und andere Folkloregegenstände sind in der Mostra Etnografica (Corso Kastriota 213) ausgestellt.

Corleone

Eine weitere Autostunde Richtung Süden gelangen Sie zu diesem »Pilgerort« für Mafia-Fans. Tatsächlich war die Stadt – die ihren Namen dem *Paten* lieh, der Hauptfigur von Mario Puzos Roman und Francis Ford Coppolas Film – in den vergangenen 50 Jahren ein Zufluchtsort für manch einen sizilianischen *capo di tutti i capi* (»Boss aller Bosse«). Das dramatischste an ihr ist aber die umliegende Landschaft: hoch aufragende Felsformationen mit festungsartigen Vorsprüngen, die im Laufe der Jahre durch Erdrutsche und eine starke Bodenerosion entstanden sind. Ansonsten ist Corleone beeindruckend gewöhnlich. Die einzigen verstohlenen Blicke stammen von anderen Touristen – denen nichtsdestotrotz davon abzuraten ist, die Bewohner dieser Stadt abzulichten.

Bagheria

Rund 14 km – durch hässliche Vorstadtsiedlungen – sind es vom Zentrum bis zu den eleganten Barockvillen der Adligen Palermos aus dem 17. und 18. Jh. Etliche der Sitze können in Begleitung des Wachpersonals besichtigt werden. Prinz Giuseppe Branciforte war der erste, der 1658 der Sommerhitze der Stadt hierher entfloh; seine Villa Butera steht immer noch am Ende des Corso Butera. Der bemerkenswerteste unter den übrigen Sommersitzen ist die Villa Palagonia (Piazza Garibaldi), die sich durch ihre erstaunliche Sammlung grotesker

Skulpturen auszeichnet. Die Zwerge, Riesen und anderen Monster, die durch den Besitzer, den buckligen Prinzen Ferdinand von Palagonien, in Auftrag gegeben wurden, sollen angeblich die Liebhaber seiner Frau karikieren. Ein schöneres Werk desselben Architekten, Tommaso Napoli, ist die Villa Valguernara (rechts von der Piazza), die üppigste der grandiosen Residenzen Bagherias. In der Villa Cattolica am Ortsrand ist ein Museum für moderne Kunst untergebracht, das in erster Linie Werke Renato Guttusos (1912–1987) und seiner sizilianischen Zeitgenossen zeigt.

Solunto

Die griechisch-römische Stadt, die man bei Grabungen nordöstlich von Bagheria freilegte, war bereits im 8. Jh. v. Chr. von den Phöniziern gegründet worden. Auf dem Ruinenfeld, hübsch gelegen am Monte Catalfone mit Blick über das Meer, sind die Überreste patrizischer Villen, ihrer Zisternen, einer Schule, eines Theaters und eines Marktplatzes zu sehen. Einige der Funde werden im kleinen Museum beim Eingang ausgestellt, weitere im archäologischen Museum in Palermo.

Ústica

70 Minuten Fahrt mit dem Tragflügelboot bringen Sie von der Stazione Marittima in Palermo zu dieser Insel im Tyrrhenischen Meer, dem Gipfel eines überfluteten (und heute erloschenen) Vulkans. Seinen Namen (*ustum* heißt lateinisch »verbrannt«) erhielt das 3,3 km² große Eiland mit den schwarzen Felsen und Lavaböden von den Römern. Auf der fruchtbaren Erde gedeihen Reben – unter anderem wird hier ein feiner trockener Rosé gekeltert –, Weizen, Feigen, Birnen, Oliven und Weiden, aus denen die Inselbewohner hübsche Körbe flechten. Über die Jahrhunderte diente Ústica abwechslungsweise als Zufluchtsort für Piraten und als Gefangeneninsel, zuerst für karthagische Renegaten und später für die politischen Häftlinge der spanischen Bourbonen und der italienischen Faschisten. Heute sind die unberührten Buchten, Bäche und einige wenige Sandstrände ideal für abgeschiedene Badefreuden; das Meeresschutzgebiet (Parco Marino Regionale) an der Westküste ist beliebt bei Schnorchlern und Sporttauchern. Im Ort Ústica, hoch über dem Hafen im Torre de Santa Maria, gibt es ein archäologisches Unterwassermuseum (Museo di Archeologia Sottomarina). Die Sammlungen enthalten Relikte von phönizischen, griechischen und römischen Schiffswracks und aus der heute überfluteten antiken Stadt Osteodes.

▶ DER WESTEN
Golfo di Castellammare, Álcamo, Segesta, Trapani, Érice, Ägadische Inseln, Mozia, Marsala, Mazara del Vallo, Selinunte, Castelvetrano

Näher bei Tunesien als bei Europa gelegen, hat sich der Westen Siziliens einen eigenen Charakter bewahrt. Die Einflüsse der Phönizier und Araber waren hier stärker als diejenigen der Griechen und Normannen. Zudem konnten sich die einheimischen Elymer die Eindringlinge länger vom Leibe halten als die Sikuler und Sikaner im Osten. Die Abgeschiedenheit der Region hat auch dazu geführt, dass der Massentourismus hier bis heute wenig Spuren hinterlassen hat – das gilt insbesondere für das Naturreservat Zingaro am Golf von Castellammare. Die Hafenstadt Trapani dient vorab als Sprungbrett zu den Ägadischen Inseln; Mozia war einst ein phönizischer Stützpunkt, Marsala und Mazara del Vallo beide ursprünglich arabisch. Als sich die Griechen Richtung Westen vorwagten, hinterließen sie zwei beeindruckende Tempelanlagen in Segesta und Selinunte. Und in Érice bauten die Normannen eine immer noch erhaltene mittelalterliche Stadt.

Eine Quelle unter Marsalas San-Giovanni-Kirche soll zur Hellsichtigkeit verhelfen.

Golfo di Castellammare
Von Punta Raisi (Palermos Flughafen) bis zum Kap San Vito beschreiben die Strände der Bucht einen weiten Bogen vor den beeindruckenden Mazara-Bergen im Hintergrund. Einige Städte am Ostende des Golfs sind von der Schwerindustrie in Beschlag genommen worden; immer noch dörflich ist die Atmosphäre in Trappeto und Balestrate weiter westlich, die zahlreiche Feriengäste aus Palermo anziehen.

Castellammare del Golfo
Der wichtigste Ferienort an der Bucht war ursprünglich ein Handelshafen für die elymischen Städte Segesta und Érice. Nach der Eroberung durch die Araber wurden Städtchen und Golf nach dem maurischen Schloss benannt. Die Ruine, die die hübschen Cafés und Villen an der Uferpromenade überragt, stammt allerdings von einer von den Spaniern im 16. Jh. errichteten Burg. Die Chiesetta del Rosario weist ein prächtiges Portal aus dem 16. Jh. auf.

Scopello
Zu diesem alten Fischerdorf 10 km westlich von Castellam-

mare gelangt man nach abwechslungsreicher Fahrt durch kahle Berglandschaften, die immer wieder unvermittelt den Blick auf zerklüftete Klippen und das Meer freigeben. Direkt an der Küste, die früher berühmt für ihren Reichtum an Tunfisch war, liegt die einstige *tonnara* (Tunfischfangplatz) von Scopello. Äußerst malerisch gruppieren sich Lagerhäuser, Fischerunterkünfte und verrostete Anker in der kleinen Bucht mit dem Kieselstrand und dem erfreulich klaren Wasser. Hinter der Tonnara windet sich eine steile Straße hinauf zum Dorf Scopello, das um ein befestigtes Herrschaftshaus *(baglio)* aus dem 18. Jh. gebaut wurde. Im Hof des Baglio mit dem riesigen Eukalyptus-Baum gibt es einige hübsche Bars, Kunsthandwerkläden und Galerien.

Riserva Naturale dello Zíngaro

Das größte und urtümlichste Naturreservat Siziliens ist sowohl von Scopello im Süden als auch von San Vito lo Capo im Norden aus zugänglich. Von einem Eingang zum andern lässt sich eine herrliche 7 km lange Klippenwanderung durch duftende mediterrane Vegetation unternehmen – Botaniker haben über 700 verschiedene Baum-, Busch- und Pflanzenarten gezählt. Pfade ins Inselinnere führen auf den 913 m hohen Monte Speziale; Vogelbeobachter können hier zahlreiche einheimische und Zugvögel erspähen, unter anderem Adler, Turm- und Wanderfalken. Am nördlichen Ende des Parks hat man steinzeitliche Siedlungen freigelegt. Unterwegs zweigen ein paar gut markierte Pfade zu kleinen Buchten ab, wo man ungestört baden kann.

Álcamo

Álcamo, ursprünglich das arabische *Manzil Alqamah*, entwickelte sich unter den Normannen zu einer blühenden Stadt, die auch heute noch ein wichtiges Landwirtschaftszentrum im Herzen eines grünen Tals voller Weinberge ist. Über dem Stadtpark an der Piazza della Repubblica thront das hübsch restaurierte Schloss

HÖHEPUNKTE

- **Zíngaro** – herrlich unberührtes Naturreservat.
- **Segesta** – griechischer Tempel und ein römisches Theater.
- **Érice** – mittelalterliche Atmosphäre in der elymischen Festung.
- **Marsala** – wo man guten Dessertwein degustieren kann.
- **Selinunte** – Siziliens geschichtsträchtigste Ruinen.

der Grafen von Modica aus dem 14. Jh. Entlang des Corso VI Aprile, der alten kaiserlichen Landstraße, stehen einige imposante Barockkirchen: Chiesa Madre, Chiesa Santi Cosma e Damiano und Chiesa San Francesco d'Assisi, die mit schönen Skulpturen Antonello Gaginis aufwarten kann.

Segesta

Die Elymer erbauten diese Stadt, einst eine der wichtigsten der Insel, vor über 3000 Jahren in einer idyllischen Waldlandschaft in den Mazara-Bergen südlich von Castellammare. Nachdem Segesta über Selinunte gesiegt hatte, wurde es im Zuge der Machtkämpfe zwischen den Tyrannen von Syrakus und den Karthagern im 4. Jh. v. Chr. zerstört. Die Römer beriefen sich auf die Behauptung des Dichters Vergil, Segesta sei durch den römischen Gründervater Aeneas besiedelt worden, und belebten es als Handelszentrum wieder. Als die Vandalen das Land verwüsteten, blieben ein Tempel und das Theater Segestas weitgehend unberührt.

Der dorische Tempel steht in wunderbar erhaltenem Zustand auf einem Vorgebirge des Monte Barbaro. Die honigfarbene Plattform, die Ziergiebel und das Peristyl mit den 36 Säulen, alle glatt und unkanneliert, stehen ungedeckt unter offenem Himmel. Wissenschaftler sind sich nicht einig, ob der Bau durch den Konflikt mit Selinunte 416 v. Chr. unterbrochen wurde, oder ob es die Stätte eines elymischen Kultes war, der weder ein Dach noch ein inneres Heiligtum im Tempel vorsah.

Ein 20-minütiger Fußmarsch (schneller geht es mit dem Minibus) führt Sie den Hügel hinauf zum römischen Theater aus dem 3. Jh. v. Chr. Im Unterschied zu fast allen antiken Theatern ist das halbrunde Auditorium genau nach Norden ausgerichtet, um den Zuschauern einen wunderschönen Blick über die grüne Ebene bis zum blauen Golf von Castellammare zu bieten. Die weißen Kalksteinsitze sind aus dem Muttergestein des Berges herausgehauen. Von den Säulen und Bogen des Proszeniums ist nichts übrig geblieben, doch wurden unter der Bühne Steinmetzarbeiten von einem früheren Gebäude aus dem 10. Jh. v. Chr. gefunden.

Trapani

Der größte Fährhafen der Westküste kann mit einem attraktiven *centro storico* mit gotischen, Renaissance- und Barockbauten aufwarten. Die Altstadt konzentriert sich auf der engen Halbinsel, die der Siedlung den Namen gab (vom phönizischen *drepanon*, »Sichel«). Nachdem Trapani

TRAPANI

Umgeben von einem tiefen Tal erhebt sich der Tempel von Segesta in einsamer Pracht auf einer Hügelkuppe.

zunächst als Hafen für das elymische Érice diente, wurde es später zum wichtigen Handelszentrum für die Phönizier, Araber und Spanier und kam dank dem Schiffsbau, der Fischerei und ausgedehnten Salinen zu Reichtum. Die Stadt ist ein guter Ausgangspunkt für Ausflüge zu den Ägadischen Inseln, nach Érice und Marsala und zudem berühmt für ihre Meeresfrüchte.

Centro Storico

Die von den Spaniern im 13. Jh. gebaute Hauptstraße der Halbinsel, der heutige Corso Vittorio Emanuele, ist gesäumt von schmucken Palazzi und Barockkirchen aus rosafarbenem Stein. Am Ostende des Corso steht der Palazzo Senatorio (1701) neben einem Glockenturm aus dem 13. Jh. Beachtenswert unter den vielen Kirchen ist die Chiesa del Collegio mit ihrer üppig verzierten Fassade, den biblischen Szenen in Stuck im Innern und einem Marmorrelief der *Immaculata Concezione* von Ignazio Marabitti in der Apsis. Die Kathedrale ist mit einer eleganten säulenverzierten Vorderfront versehen und stolz auf ihre frühbarocke *Kreuzigung* des einheimischen Künstlers Giacomo Lo Verde.

Die hölzernen Heiligenfiguren (*misteri*) aus dem 18. Jh., die bei eindrucksvollen Prozessionen während der Osterpassion durch die Stadt getragen werden, sind in der Chiesa del Purgatorio südlich der Kathedrale ausgestellt. Im Torre de Ligny, einem spanischen Wachturm am Ende des Corso, befindet sich ein prähistorisches Museum.

Eines der wichtigsten Monumente der jüdischen Gemeinschaft Siziliens ist der Palazzo della Giudecca im einstigen jüdischen Getto am Ostrand der Altstadt. Die Residenz der Ciambra, einer Kaufmannsfamilie aus dem 16. Jh., zeugt mit ihren Silberverzierungen im Stil der spanischen Renaissance von der hohen Kunstfertigkeit der zeitgenössischen Silberschmiede *(platero)*.

Santuario dell'Annunziata

Weitab vom Zentrum in einem östlichen Außenquartier steht Trapanis architektonisch bedeutendstes Bauwerk: eine der Madonna der Verkündigung geweihte karmelitische Abteikirche. Auf dem Klosterareal befindet sich auch das wichtigste Kunstmuseum der Stadt. Die 1332 errichtete und bis ins 18. Jh. mehrmals umgebaute Kirche besitzt noch das imposante Rosettenfenster und das Portal ihrer ursprünglichen normannisch-gotischen Fassade. Der massive Glockenturm wurde 1650 angefügt. In der Fischer-Kapelle (Cappella dei Pescatori) aus dem 15. Jh. auf der rechten Seite des Kirchenschiffs (Eingang Via Pepoli) sind in der achteckigen Kuppel schöne gotische Gewölbe mit Deckenfresken zu sehen. Die Kapelle der Seeleute (Cappella dei Marinari) gegenüber ist eine Kombination aus Gotik- und Renaissance-Elementen mit arabisch-normannischen Gravuren, die das Muschelmotiv der Kirchenfassade wieder aufnehmen. Hinter dem Hochaltar führt ein monumentaler Marmorbogen der Renaissance-Künstler Antonello und Giacomo Gagini zur Kapelle der Madonna, dem Heiligtum, nach dem die Kirche benannt ist – eine zierliche Madonna mit Kind, die dem Atelier Nino Pisanos zugeschrieben wird.

Museo Pepoli

Im Erdgeschoss des Museums, das man durch die Villa Pepoli betritt, finden sich Skulpturen arabischen und byzantinischen Ursprungs, zudem eine Bronzefigur Giacomo Serpottas und wichtige Werke Antonello Gaginis. Ein pompöser Treppenaufgang aus farbigem Marmor führt zur Gemäldesammlung im 1. Stock; hier sind eine *Pietà* von Roberto Oderisio (1380) und einer der schönsten Flügelaltare Siziliens zu bewundern, eine *Madonna mit dem Kind* eines anonymen Meisters aus Trapani (14. Jh. v. Chr.).

Vom italienischen Festland stammen der *Heilige Franziskus* von Tizian und Werke von Ludovico Carracci, Ribera, Mattia Preti und Salvatore Rosa. Eine große Abteilung ist dem einheimischen Kunsthandwerk gewidmet – Keramik, Schmuck, Friese aus Majolika-Kacheln und Schnitzereien in Holz und Alabaster.

Érice

Die bezaubernde Stadt ist zwar in kurzer Fahrt auf einer kurvenreichen Straße von Trapani aus zu erreichen, aber trotzdem Welten entfernt vom geschäftigen Hafen. Hier ist die mittelalterliche Atmosphäre noch allgegenwärtig, ebenso wie die 3000-jährige mythisch geprägte Vergangenheit des Ortes. Das fast perfekt gleichschenklige Dreieck, das die von Wäldern und Weinbergen umgebene Stadt auf einem 751 m hohen Gipfel bildet, soll das Delta des Venushügels der mediterranen Göttin der Fruchtbarkeit symbolisieren – Astarte für die Phönizier, Aphrodite für die Griechen. Die Elymer bauten mit Érice ihr zu Ehren ein Heiligtum, das im ganzen Mittelmeergebiet berühmt war. Die Phönizier befestigten die Stadt im 8. Jh. v. Chr., und die Griechen gaben ihr den Namen des legendären Elymer-Königs Eryx, der Aphrodites Sohn gewesen sein soll. Der große Tempel, an dessen Stelle die Normannen später eine Burg errichteten, diente vorbeifahrenden Seeleuten zur Orientierung. Viele machten hier einen Zwischenhalt, um an Ritualen mit den geweihten Tempelprostituierten teilzunehmen.

Chiesa Matrice
Unmittelbar hinter dem wuchtigen normannischen Stadttor Porta Trapani im Südwesten steht diese der Madonna der Himmelfahrt geweihte Kirche von 1314 (restauriert im 19. Jh.). Für den festungsartigen Bau mit seinen zinnenbewehrten Mauern, dem schönen Portal und dem frei stehenden Glockenturm, der auch als Ausguck diente, wurden Granitblöcke des antiken Aphrodite-Tempels verwendet.

Stadtmauern
Durchsetzt von rechteckigen Bastionen verläuft die Hauptbefestigungsmauer in nordöstlicher Richtung von der Porta Trapani zur Porta Spada. Einige der riesigen Megalithen tragen phönizische Inschriften aus dem 8. Jh. v. Chr.; später verstärkten die Römer und die Normannen die Wälle.

Corso Vittorio Emanuele
Die Hauptstraße Érices ist gesäumt von schönen Palazzi und Kirchen; die bemerkenswerteste ist San Salvatore, mit ihren goti-

schen Fenstern und einem ebensolchen Portal. Der Corso windet sich hinauf zum Rathaus an der zauberhaften Piazza Umberto I. und dem nahe gelegenen Kulturzentrum Ettore Majorano in einem ehemaligen Kloster. Die Kirche San Pietro steht genau in der Mitte des Dreiecks von Érice. Es ist nicht nur die »vergeistigste« Stadt Siziliens, sondern auch diejenige mit den engsten Gassen – meist hat nur gerade eine Person Platz –, die zu dutzenden von Kirchen, Kapellen und Klostergebäuden führen, in denen man heute auch mal ein abgeschiedenes Café oder eine Trattoria finden kann.

Museo Cordici
Die archäologische Sammlung des Städtischen Museums im Rathaus zollt den antiken Anfängen Érices Tribut mit phönizischen und griechischen Tonfiguren und einem Aphrodite-Kopf aus dem 4. Jh. v. Chr. Das beste der späteren Werke ist eine Marmorskulptur der *Mariä Verkündigung* von Antonello Gagini (1525).

Castello di Venere
Der italienische Name dieser normannischen Burg, die auf einem felsigen Vorgebirge im Südosten hoch über der Stadt thront, verweist auf die einst der Göttin Aphrodite geweihte Stätte (*Venere* = Venus = Aphrodite). Wie für die Chiesa Matrice hat man auch für die Festung aus dem 12. und 13. Jh. viel vom Mauerwerk des einstigen Tempels verwendet. Innerhalb der Umfriedung wurden ein heiliger Brunnen und andere antike Ruinen ausgegraben.

Von der Akropolis hat man eine wunderbare Aussicht auf Trapani, die Salinen und die Ägadischen Inseln. Der Giardino del Balio, ein Garten im englischen Stil, wurde im 19. Jh. angelegt; zur selben Zeit hat man den normannischen Turm in die Villa Toretta Pepoli umgewandelt.

Ägadische Inseln
Mit der Fähre oder den schnelleren Tragflügelbooten kann man die vor der Küste liegenden Inseln Favignana, Levanzo und Marettimo bequem in einem Tagesausflug kennen lernen. In früheren Zeiten dienten sie genuesischen Kaufleuten als Handelsposten. Noch heute ist der Tunfischfang hier die Haupteinkommensquelle; die (brutalen) rituellen Fischtötungen *(la mattanza)* im Mai oder Juni ziehen auch etliche Touristen an.

Favignana
Das am nächsten bei Trapani gelegene Eiland ist zugleich die größte und beliebteste der Ägadischen Inseln mit einer Fülle von Bars und Trattorias rund um den

ÄGADISCHE INSELN • MOZIA • MARSALA

Hafen und einem Sandstrand bei Cala Burrone an der Südküste.

Levanzo
Schafe und Ziegen weiden friedlich auf dieser kleinen Insel, deren Hauptattraktion die prähistorischen Steinreliefs und Felszeichnungen der Grotta del Genovese an der Nordwestküste sind. Achten Sie bei den 6000 bis 10.000 Jahre alten Zeichnungen besonders auf das Tunfisch-Motiv und auf den graziösen Hirsch. Im Hafen von Levanzo kann man Boote mieten, um die einst von Piraten oder deren flüchtenden Opfern benutzten Küstengrotten zu erkunden.

Marettimo
Naturliebhaber ziehen dieses Eiland wegen der abgeschiedenen Strände und der Wandermöglichkeiten durch die duftenden Pinienwälder vor. Unterwegs kann man auch einige römische Ruinen, eine byzantinische Kirche und die Überreste einer arabischen Festung besichtigen. Hier gibt es weder gewerbsmäßigen Tunfischfang noch Hotels – nur eine Trattoria, die das ganze Jahr geöffnet ist.

Mozia
Auf der hübschen kleinen Insel San Pantaleo 15 km südlich von Trapani können die Überreste der phönizischen Handelsniederlassung Motya – neben Palermo und Solunto die wichtigste – besichtigt werden. 397 v. Chr. wurde Motya vom syrakusischen Tyrannen Dionysios I. zerstört; 2000 Jahre später entdeckte man es wieder, doch erst im 19. Jh. veranlasste Joseph Whitaker, ein englischer Marsala-Weinhändler, die Ausgrabung.

Die Hauptruinen, die aus dem seichten Wasser der Stagnone-Lagune herausragen, stammen von Befestigungstürmen und -mauern und Eingangstoren, die im 6. Jh. v. Chr. während der griechisch-karthagischen Kriege gebaut wurden. Erhalten sind auch einige Mosaikböden von Patrizierhäusern, ein kleiner Hafen und ein Friedhof. Im Museum in der Whitaker-Villa werden Schmuck und andere Funde gezeigt, einschließlich der prachtvollen griechischen Marmorskulptur eines Wagenlenkers *(auriga)* aus dem 5. Jh. v. Chr., die von Händlern oder Piraten aus dem östlichen Mittelmeerraum hergebracht wurde.

Marsala
Die Hafenstadt ist weltbekannt für den gleichnamigen Dessertwein, den britische Händler erstmals im 18. Jh. von hier exportierten. Marsala wurde Ende des 4. Jh. v. Chr. von phönizischen Flüchtlingen aus Motya gegründet.

Piazza della Repubblica

Der Platz südlich der Hauptstraße Via XI Maggio ist das Herz des historischen Zentrums im Barock- und Renaissance-Stil. Hier befinden sich die Loggia des Palazzo Senatorio (1576) mit ihren Arkaden und die imposante Kathedrale, die 1628 zu Ehren des hl. Thomas (Erzbischof von Canterbury) erbaut wurde. Dennoch erinnern die Gassen der Altstadt auch an die arabische Ära – ein Eindruck, der durch die Präsenz der erst vor kurzem eingewanderten Tunesier noch verstärkt wird.

Museo degli Arazzi

Das Museum in der Via Garraffa hinter der Kathedrale zeigt eine Reihe prächtiger flämischer Wandteppiche aus dem 16. Jh., die die Eroberung Jerusalems unter Vespasian und Titus darstellen.

Porta Garibaldi

Dieses monumentale Stadttor im Südwesten wurde 1685 erbaut, doch sein Name erinnert an den Mai 1860, als Giuseppe Garibaldi mit seiner Expedition zur Befreiung Siziliens in Marsala landete. Seine Armee der tausend Rothemden marschierte die Straße vom Hafen, die Via dei Mille, hinauf. Das unmittelbar hinter dem Tor gelegene Rathaus war ursprünglich das Hauptquartier der spanischen Truppen (1577).

Museo Archeologico

Am westlichsten Punkt Siziliens, dem Kap Boeo oder Lilibeo, wo die erste Siedlung der Stadt stand, befindet sich nun das archäologische Museum Marsalas. Zu den wichtigsten Ausstellungsstücken gehören Mosaikböden aus nahen römischen Villen, Funde aus dem phönizischen Motya und dem römischen Lilibaeum und die Überreste eines phönizischen Kriegsschiffes, das im 1. Punischen Krieg 241 v. Chr. von den Römern vor den Ägadischen Inseln versenkt wurde. Britische Archäologen bargen 1979 die wendige Galeere, die einst von 68 Ruderern angetrieben wurde, vom Meeresgrund. Wissenschaftler untersuchten die Konstruktion des Schiffes und waren verblüfft, dass sich die Metallegierung der Nägel nach 2200 Jahren im Salzwasser immer noch unbeschädigt zeigte.

Mazara del Vallo

Das in 30-minütiger Fahrt von Marsala aus Richtung Süden erreichbare Mazara ist einer der wichtigsten Fischereihäfen ganz Italiens. Die antike phönizische Siedlung war die erste sizilianische Stadt, die die Araber 827 nach ihrer Landung auf Kap Granitola einnahmen. Sie machten den Ort zum Zentrum ihrer drei Verwaltungsbezirke (*wali*, deshalb »del Vallo«), und noch heute erinnert ein Teil von Mazaras Altstadt an eine nordafrikanische Kasbah.

Hafen und tunesisches Viertel

Am lebendigsten geht es frühmorgens im Hafen zu und her, wenn die riesige Fischereiflotte ihren Fang hereinbringt – ein Fünftel der gesamtitalienischen Ausbeute. Das Hafenviertel links vom Einfahrtskanal mit seinem Labyrinth aus engen Gassen und Hinterhöfen ist heute wieder in nordafrikanischer Hand. Tunesische Einwanderer sitzen vor ihren Häusern, trinken Tee oder rauchen ihre Wasserpfeife.

San Nicolo Regale

Die knollenförmige Kuppel und die zinnenbewehrte Apsis der kleinen quadratischen Kirche aus dem 12. Jh. oberhalb des Hafens erinnern an die arabisch-normannischen Kirchen Palermos. Im Innern haben Restauratoren römische Mosaike freigelegt.

Piazza della Repubblica

Abgesehen vom modernen Rathaus wird dieser Platz im Zentrum von Barockbauten dominiert: die Eingangsarkaden des Seminario dei Chierici im Süden, der Palazzo Vescovile im Norden und der Dom im Osten. Das heutige Gotteshaus wurde 1690 wieder aufgebaut; von der ursprünglichen Kirche, die Roger I. 1087 errichten ließ, ist nur die Apsis geblieben. Ein Flachrelief am Portal, das den normannischen König zeigt, wie er einen Araber mit Füssen tritt, stammt von 1534. Die sehenswerte *Transfiguration* in der Apsis ist ein Werk von Antonello Gagini.

Selinunte

Auf einem wunderschönen Flecken Erde hoch über dem Meer, etwa 30 km östlich von Mazara, liegt eine der faszinierendsten Ruinenstätten Siziliens. Die einst westlichste griechische Kolonie, die 650 v. Chr. von Kaufleuten aus Megara Hyblea gegründet wurde, hat ihren Namen vom wilden Sellerie *(selinon)*, der hier immer noch in Fülle gedeiht. Als Selinunte aufblühte und sein Einflussgebiet ausdehnte, kam es zum Zusammenstoß mit Segesta und seinen mächtigen karthagischen Verbündeten. Eine verheerende Niederlage leitete 409 v. Chr. den Untergang Selinuntes ein; spätere heftige Erdbeben gaben der Stadt den Rest. Die gewaltige Größe der freigelegten Tempel lässt das Ausmaß des einstigen Reichtums Selinuntes erahnen.

Die Ausgrabungsstätte ist in eine östliche und eine westliche Ruinengruppe aufgeteilt; dazwischen liegen 20 Minuten Fußmarsch (beide Plätze sind auch mit dem Wagen erreichbar). Weil

SELINUNTE • CASTELVETRANO

man sieben der acht gefundenen Tempel nicht klar einer bestimmten Gottheit zuordnen konnte, bezeichnete man sie der Einfachheit halber mit Buchstaben (A–G).

Östliche Tempel
Der am nächsten zum Meer gelegene turmartige Tempel E aus dem Jahre 520 v. Chr. wurde 1958 von Wissenschaftern rekonstruiert. Die 70 x 25 m große dorische Anlage war wahrscheinlich der Göttin Hera (Juno) geweiht. Vier der Tempelfriese sind im archäologischen Museum in Palermo ausgestellt. Dahinter sind die Überreste des kleineren Tempels F, des ältesten der östlichen Gruppe (560 v. Chr.), zu sehen. Weiter nördlich stößt man auf die verstreut herumliegenden kolossalen Säulen von Tempel G; mit seinen 113 x 54 m war er der größte Selinuntes.

Akropolis
Von der östlichen Grabungsstätte gelangt man hinunter, am nun verlandeten antiken Hafen vorbei, zu den massiven, abgestuften Stadtmauern und zum nördlichen Stadttor. Zwischen den schön restaurierten alten Straßen, die in einem klassischen Rastermuster angelegt sind, stehen die Ruinen vier weiterer Heiligtümer. Auf dem Gipfel der Akropolis wurden 14 Säulen des Tempels C (550 v. Chr.) wieder aufgerichtet; drei seiner Friese sind ebenfalls im Museum in Palermo.

Heiligtum von Malophoros
Der achte Tempel Selinuntes ist der Göttin Demeter, der Überbringerin des Granatapfels *(malophoros)* geweiht. Er befindet sich jenseits des Flusses Modione, 20 Minuten Fußmarsch von der westlichen antiken Stadt entfernt. Am besten erhalten sind das Propyläum (Tempelvestibül) und der Opferaltar. Das Heiligtum wurde wahrscheinlich für Begräbnisrituale auf dem Weg zur noch weiter Richtung Westen gelegenen Nekropolis benutzt.

Castelvetrano
Diese verschlafene Agrarstadt 15 km nordwestlich von Selinunte – einst eine Garnison für römische Armeeveteranen *(castrum veteranorum)* – lohnt einen Abstecher. Die Chiesa Madre (1570) auf der Piazza Garibaldi zeichnet sich durch ein reich verziertes Portal und einen barocken Innenraum mit Stuckaturen von Gaspare Serpotta und Fresken von Tommaso Ferraro aus. Der benachbarte Palazzo Pignatelli stammt aus dem 13. Jh., wurde aber seither mehrmals renoviert. Links von der Chiesa Madre, auf der Piazza Umberto I, kommt man zu einem zauberhaften vierstufigen Brunnen aus dem 17. Jh., der Fontana della Ninfa.

▶ DIE SÜDKÜSTE
Agrigento, Valle dei Templi, Eraclea Minoa, Sciacca, Gela

Allein schon die prachtvollen griechischen Tempel von Agrigento auf einem Gebirgskamm hoch über dem Mittelmeer sind Grund genug, die Südküste der Insel aufzusuchen. In Richtung Westen locken abgeschiedene Strände rund um die antike griechische Stadt Eraclea Minoa und das ausgesprochen arabisch anmutende mittelalterliche Sciacca. Der Küstenabschnitt östlich von Agrigento wird heute fast zur Gänze von ausgedehnten Schwerindustrieanlagen geprägt. Sie sollten dennoch einen Blick auf die einst stolze Stadt Gela werfen.

Agrigento

Die Größe der Sakralbauten zeugt vom einstigen Reichtum des griechischen Akragas, das 580 v. Chr. von Kaufleuten aus Gela und Neuankömmlingen von der Insel Rhodos gegründet wurde. Der Sieg über die Karthager im Bündnis mit Syrakus und Gela brachte der Stadt hundert Jahre später Wohlstand und ein rasches Wachstum.

Agrigentum, wie die Römer es nannten, oder Girgenti für die Araber – der Name blieb bis zur Italianisierung 1927 – hat sich mit seinen engen, gewundenen Hintergässchen und winzigen Höfen mitten im Zentrum eine exotische Ausstrahlung bewahrt. Die moderne Stadt steht auf dem höheren von zwei Hügeln nördlich der alten Akropolis und kontrastiert mit den immer noch glanzvollen Heiligtümern auf der niedrigeren Erhebung, dem so genannten Tal der Tempel.

Moderne Stadt

Auch wenn die meisten Besucher auf direktem Weg zu den Tempeln eilen, lohnt sich ein kurzer Rundgang durch das heutige Agrigento. Vom Piazzale Aldo Moro aus schlängelt sich die Durchgangsstraße Via Atenea nach Westen, gesäumt von modischen Boutiquen, Juwelierläden und ein paar Konditoreien. Das Rathaus an der Piazza Pirandello befindet sich in einem Dominikanerkloster aus dem 17. Jh.

Die Abteikirche Santo Spirito nördlich der Via Atenea überrascht mit einem gotischen Portal aus dem 14. Jh., einem Rosettenfenster und dem barocken Innenraum mit Stuckaturen von Giacomo Serpotta. Das Kloster ist mit einem schönen Kreuzgang,

Die Reste des majestätischen Juno-Tempels von Agrigento.

einer Stiftshalle und einem Refektorium ausgestattet. Die oberen Stockwerke sind vom städtischen Folkloremuseum belegt.

Das normannische Gotteshaus Santa Maria dei Greci in der maurischen Altstadt wurde auf dem Skelett einer byzantinischen Kirche und den Grundmauern eines dorischen Tempels aus dem 5. Jh. v. Chr. gebaut. Antike Säulen und andere Teile des Heiligtums sind klar sichtbar, vor allem im Innern des Kirchenschiffs. Die Via del Duomo führt zur Kathedrale zuoberst auf dem Hügel hinauf.

Valle dei Templi

Angesichts ihrer wunderbaren Lage auf einem Hügelkamm über dem Meer lohnt es sich, gemächlich von einem Tempel zum anderen zu wandern – die Aussicht macht dabei ebenso viel Freude wie die antike Architektur. Nimmt man sich einen ganzen Tag Zeit, sieht man, wie sich die Farbe der Sandsteinmonumente von hellem Honig am Morgen zu tiefem Gold am späten Nachmittag wandelt.

Tempio di Ercole

Der Tempel des Herakles wurde Ende des 6. Jh. v. Chr. erbaut und ist damit der älteste der Gruppe. Er steht auf erhöhtem Grund, eingefasst von acht ehemaligen Hauptsäulen, die man 1924 wieder aufgerichtet hat; vier tragen noch ihre dorischen Kapitele. Die Trümmer der restlichen 30 Säulen sind über den Hügelabhang verstreut.

Villa Aurea

Unterhalb des Heraklestempels haben die Archäologen ihre Zelte in dieser Villa in einem lieblichen Garten voll üppiger mediterraner Vegetation und neben einer Nekropolis aufgeschlagen.

Tempio della Concordia

Der Concordiatempel ist nach dem Theseion in Athen der am besten erhaltene griechische Tempel der Welt. Das majestätisch auf einem vierstufigen Fundament thronende dorische Heiligtum (430 v. Chr.) ist nach einer lateinischen Inschrift benannt, die man im Vorhof fand. Seinen guten Zustand verdankt der Tempel dem Umstand, dass man ihn im 6. Jh. n. Chr. (bis 1788) in ein christliches Gotteshaus umwandelte. Der Säulengang wurde mit Steinmauern geschlossen, und aus der *cella* entstanden die Kirchenschiffe. Kennzeichnend für die Raffinesse griechischer Architektur sind die 34 konischen Säulen, die sich leicht nach innen neigen, was dem Betrachter von unten und von ferne den Eindruck perfekter Vertikalität und Leichtigkeit vermittelt. Den ursprünglichen Tempel müssen Sie sich mit einem Holzdach,

VALLE DEI TEMPLI

Friesen und in kräftigen Farben bemalten Säulen vorstellen.

Tempio di Giunone
Am östlichen Ende der Via Sacra steht der Junotempel auf dem Gipfel eines Hügels, ein bisschen »abgehoben«, gerade wie die Königin der griechischen Göttinnen, der er gewidmet war: Hera – Juno für die Römer. 25 der total 34 Säulen sind erhalten geblieben, ebenso der Opferaltar. Die Wände des Heiligtums zeigen noch Spuren eines 406 von den Karthagern gelegten Feuers.

Tempio di Giove Olimpico
Zurück Richtung Eingang befindet sich im westlichen Teil der Stätte der größte dorische Tempel, der jemals gebaut wurde – zu Ehren des göttlichen Zeus und zum Dank für den Sieg über die Karthager bei Himera 480 v. Chr. Errichten mussten ihn die Kriegsgefangenen; und obwohl er wahrscheinlich nie fertig gestellt und durch Erdbeben zerstört wurde, maß er ursprünglich 113 x 56 m. Eine Vorstellung von der gigantischen Größe des Bauwerks kann man sich anhand der Kopie eines Telamon machen. Diese Riesenstatuen stützten zusammen mit gewaltigen Säulen die Fassade und den Giebel des Tempels.

Tempio dei Dioscuri
Castor und Pollux, die himmlischen Zwillinge, die aus der Verbindung von Zeus (als Schwan) mit Leda hervorgingen, wurden hier verehrt. Die im 19. Jh. wieder aufgerichteten vier Säulen stammen zwar aus anderen Tempeln, trotzdem handelt es sich um eine gelungene Rekonstruktion.

Museo Nazionale Archeologico
Das archäologische Museum im nördlichen Teil der antiken Stadt grenzt an die einstige Zisterzienserkirche San Nicola aus dem 13. Jh. Sie besitzt ein schönes gotisches Portal und beherbergt im Innern den antiken Phädra-Sarkophag. Zu den herausragendsten Exponaten des Museums zählen ein Original-Telamon und weitere Riesenköpfe aus dem Zeustempel, die Marmorstatue eines Epheben (470 v. Chr.), rotschwarze attische Vasen aus dem

---

HÖHEPUNKTE

- **Agrigento** – der Concordiatempel im Valle dei Templi.
- **Eraclea Minoa** – die schönsten Sandstrände der Südküste, dazu eine archäologische Stätte.
- **Sciacca** – hervorragende Fischrestaurants am Hafen.

▶ Valle dei Templi • Eraclea Minoa

Farbenfrohe Szene im Fischerhafen von Sciacca.

5. Jh. v. Chr. und ein wunderschöner Weinkelch aus Gela.

Caos
In einem Vorort im Westen Agrigentos steht das Geburtshaus von Luigi Pirandello, einem der größten europäischen Dramatiker des 20. Jh. Im kleinen Museum sind seine Bibliothek, einige Manuskripte und Wandzeichnungen zu sehen, die er als junger Mann anbrachte. Unter einer Schirmpinie im Garten ruht die Urne mit der Asche des Schriftstellers.

Eraclea Minoa
Die einstige antike Siedlung 30 km westlich von Agrigento ist heute eher bekannt für ihre Badestrände als für die archäologischen Ausgrabungsstätten. Der Name der Stadt soll kretischen Ursprungs sein (von König Minos); wahrscheinlicher ist, dass der verlassene phönizische Handelsposten im 6. Jh. v. Chr. von Selinunte aus wieder besiedelt wurde.

Bis heute haben die Archäologen Überreste eines Theaters, der Befestigungsmauern und einer römischen Villa mit Mosaiken freigelegt. Die nahen kilometerlangen Strände zwischen weißen Klippen und Pinienhainen gehören zu den schönsten Siziliens.

Sciacca

Die größte Attraktion dieses Küstenortes sind die Fischrestaurants rund um den pittoresken Hafen. In der Oberstadt mit ihrem Gewirr aus Gässchen, kleinen baumbestandenen Innenhöfen und weißen Häusern ist die maurische Vergangenheit noch spürbar – zumal auch die heutige Bevölkerung großenteils nordafrikanischen Ursprungs ist.

Ein Terrassencafé an der geschäftigen Piazza Scandaliato im Zentrum ist der richtige Ort, um einen Aperitif und die Aussicht auf den Hafen und das Meer zu genießen. Der Palazzo Communale war im 17. Jh. ein Jesuitenkolleg.

Palazzo Steripinto

Unter den Palazzi aus verschiedenen Stilepochen, die den Corso Vittorio Emanuele säumen, ist das festungsartige katalanische Renaissance-Gebäude (1501) am westlichen Ende das hübscheste. Stabwerkfenster lockern das massive Rustika-Mauerwerk aus Diamantsteinen auf.

Terme Selinuntine

Am östlichen Stadtrand befinden sich die Thermalquellen und das Kurhaus von Sciacca; schon die Römer kamen einst von Selinunte hierher, um sich im Wasser zu tummeln. Die heißen (34 °C) Quellen und die Moorbäder sollen wirksam sein gegen Arthritis und Hauterkrankungen.

Gela

Gela (76 000 Einwohner) 75 km östlich von Agrigento ist vorab wegen seiner petrochemischen Industrie bedeutend und weniger wegen den Überbleibseln aus seinen ruhmreicheren Tagen unter den antiken Tyrannen Hippokrates und Gelon.

Museo Archeologico

Das Museum am östlichen Ende des Corso Vittorio Emanuele zeigt unter anderem attische Vasen und Terrakotta-Arbeiten, für die die Stadt seit ihrer Gründung durch Siedler aus Rhodos und Kreta im ganzen Mittelmeerraum berühmt war. Unmittelbar neben dem Museum stand einst die antike Akropolis; die bis jetzt freigelegten Reste von Tempeln, Häusern und Läden können besichtigt werden.

Griechische Festungen

Im Westen Gelas, bei Kap Soprane, sind die eindrücklichen Ruinen einiger antiker Festungen zu sehen. Sie wurden im 4. Jh. v. Chr. unter dem Tyrannen Timoleon errichtet, als man die Stadt nach ihrer Zerstörung durch die Karthager wieder aufbaute. Etwa 300 m der massiven Sandsteinmauer sind bis heute erhalten geblieben.

SYRAKUS UND DER SÜDOSTEN
Ortygia, Syrakus, Castello Eurialo, Pantalica,
Palazzolo Acreide, Noto, Modica, Ragusa

Die prachtvollen Städte und Bauten dieser autonomen Inselregion zeugen von ihrer turbulenten Geschichte. Nach Jahrhunderten von Bürgerkriegen, Fremdherrschaft und Naturkatastrophen strahlt Syrakus, oder Siracusa, immer noch den Stolz seiner einstigen Blütezeit aus. Das Erdbeben von 1693, das einen beträchtlichen Teil des griechischen, byzantinischen und normannischen Erbes zerstörte, spornte die Stadt und ihre Nachbarinnen Noto, Modica und Ragusa an, einige der schönsten Barockkirchen und -paläste Europas zu bauen. Das zerklüftete Iblei-Gebirge im Hintergrund, das einst prähistorischen Siedlern Schutz bot, bringt diese architektonische Eleganz erst recht zur Geltung. Zudem hat die Küste südwestlich von Ragusa einige abgeschiedene Sandstrände zu bieten. Und trotz der Ölraffinerien rund um Augusta sollte man sich nicht von einem Besuch der antiken griechischen Kolonie Megara Hyblea abhalten lassen.

In ihrer Blütezeit war Syrakus eine Rivalin von Athen und später von Alexandria im Kampf um die Vorherrschaft im Mittelmeerraum; heute verkörpert die Stadt eine Synthese der klassischen Ära und des Wiederaufbaus im 18. Jh. Zur Freude der Touristen sind die meisten Sehenswürdigkeiten nahe beieinander im Stadtteil Ortygia zu finden, einer Insel, die 734 v. Chr. von Korinthern besiedelt wurde und nun durch zwei Brücken mit dem sizilianischen »Festland« verbunden ist.

Ortygia
Mit dem verschachtelten Netzwerk enger Gassen ist Ortygia ein wunderschöner Ort, um planlos herumzustreifen. Auf einem solchen Spaziergang entdecken Sie – nebst den wichtigsten Baudenkmälern – wahrscheinlich viele weitere halb verborgene Zeugen der Vergangenheit: einen antiken griechischen Pfeiler, der als Türpfosten dient, ein Stück byzantinisches Mosaik im Straßenpflaster, ein Stabwerkfenster aus der normannischen Zeit, eine Grimassen schneidende Steinmaske unter einem barocken spanischen Balkon.

Ponte Nuovo
Die »Neue Brücke«, die die Piazza Pancali mit der geschäftigen Hauptstraße Corso Umberto I von

Die Piazza Repubblica ist Ragusas »Verkehrsknotenpunkt«.

> ORTYGIA

Syrakus-Stadt verbindet, überspannt den Darsena-Kanal, der als Burggraben vor den antiken Befestigungsmauern Ortygias diente. Reste der griechischen Stadtwälle und ein Brückenkopf aus dem 4. Jh. v. Chr. sind in der nahen Via XX Settembre zu sehen, die Richtung Süden von der Piazza wegführt.

Tempio di Apollo

Im Osten der Piazza Pancali stehen die Überreste des ersten dorischen Tempels von Sizilien (565 v. Chr.): zwei antike Säulen, verschiedene Säulenfragmente und ein Teil der Cella. Die Inschrift auf dem Stufenunterbau ist Apollo gewidmet. Archäologen haben die spanischen Soldatenunterkünfte aus dem 16. Jh. über dem Tempel weggeräumt, doch auch andere fremde Herrscher haben hier ihre Spuren hinterlassen: Stufen, die zum Taufbrunnen einer byzantinischen Kirche führten, arabische Inschriften einer Moschee und den gotischen Bogen einer normannischen Kirche.

Piazza Archimede

Südlich des Tempels schneidet der von den faschistischen Stadtplanern 1930 gebaute Corso Matteotti eine breite Schneise in die Altstadt, die am Hauptplatz mit den beliebten Straßencafés endet. In der Mitte der nach dem berühmten syrakusischen Mathematiker benannten Piazza steht ein von Meerjungfrauen und Tritonen umrahmter Artemis-Brunnen aus dem 19. Jh. An der Westseite des Platzes sollten Sie einen Blick in den Innenhof des Palazzo dell'Orologio mit dem schönen gotisch-katalanischen Treppenhaus aus dem 15. Jh. werfen; die Stabwerkfenster des Palazzo Lanzi an der Südseite stammen aus derselben Zeit. Der Palazzo Montalto (1397) im Nordosten an der Via dei Mergulensi besitzt die wohl schönste gotische Fassade der Stadt.

Duomo

Am besten erfassen Sie die Entwicklung dieses Bauwerks vom griechischen Tempel zur mittelalterlichen Kirche, wenn Sie sich ihm auf der Via Minerva von hinten nähern. In die zinnenbewehrte gotische Nordwand sind die dorischen Säulen, Kapitelle und Querbalken des Athene-Tempels integriert. Die Syrakuser widmeten das Heiligtum der Kriegsgöttin nach ihrem Sieg über die Karthager bei Himera 480 v. Chr. Die großartige Barockfront des Gotteshauses zur Piazza del Duomo hin wurde gebaut, nachdem die normannische Fassade beim Erdbeben von 1693 eingestürzt war. Sie ist größtenteils ein Werk Ignazio Marabittis aus dem 18. Jh. Im Innern des Doms hat man fröhlich 24 der 36 Säulen des heidnischen Tempels, gotische Bögen und Teile der Cella miteinander kombiniert. Das normannische Taufbecken auf den schmiedeeisernen Löwen aus dem 13. Jh. war früher ein großer griechischer *krater* (Weinkelch).

Piazza del Duomo
Der Platz an der höchsten Stelle der Insel Ortygia galt schon in vorgriechischer Zeit als heilig. Nördlich des Doms bilden die Überreste eines ionischen Tempels aus dem 6. Jh. v. Chr. das Fundament für den üppigen Barockbau des Rathauses, das 1628 vom Spanier Giovanni Vermexio entworfen wurde. Der Palazzo Arcivescovile und der Palazzo Beneventano aus dem 18. Jh. sind weitere barocke Schmuckstücke. Die stolze Kirche Santa Lucia alla Badia an der Südseite der Piazza besitzt ein fein ausgearbeitetes Portal und einen schmiedeeisernen Balkon.

Fonte Aretusa
Diese Trinkwasserquelle am südwestlichen Ufer ist umgeben von einer zauberhaften Piazza mit pastellfarbigen Häusern und Cafés, wo sich die Einheimischen abends zur *passeggiata* treffen. Den Teich bevölkern Äschen und Enten, die zwischen den Papyruspflanzen herumschwimmen. Das Frischwasser spielte eine entscheidende Rolle beim Entschluss der Korinther, sich hier niederzulassen.

Palazzo Bellomo
Wenn Sie von der Fonte Aretusa in östlicher Richtung die Via Capodieci entlanggehen, kommen Sie zum wichtigsten Kunstmuseum der Stadt, der Galleria Regionale in einem mittelalterlichen Palast, der 1725 in ein Benediktinerkloster umgewandelt wurde. Dem strengen festungsartigen Palazzo aus dem 13. Jh. wurden 200 Jahre später von seinen katala-

---

HÖHEPUNKTE
- **Duomo** – Kathedrale mit griechischem Tempel im Innern.
- **Palazzo Bellomo** – Gemäldegalerie mit Meisterwerken von Antonello da Messina und Caravaggio.
- **Teatro Greco** – prachtvolles Bauwerk im archäologischen Park.
- **San-Giovanni-Katakomben** – Welt der verfolgten Christen.
- **Noto** – nach dem Erdbeben von 1693 erbautes Barockjuwel.
- **Modica** – die hoch emporragende Kirche von San Giorgio.
- **Ragusa Ibla** – Barockstadt mit mittelalterlichen Wurzeln.

nischen Besitzern reich verzierte Fenster beigefügt. Im Erdgeschoss der Galerie sind Skulpturen der byzantinischen Periode und Werke der Gagini-Brüder aus dem 16. Jh. zu sehen. Die Glanzstücke der Gemäldesammlung in den oberen Stockwerken sind eine *Verkündigung* (1474) von Antonello da Messina und Caravaggios *Begräbnis der hl. Lucia* (1609).

Via Maestranza

Die imposante Straße, die sich östlich der Piazza Archimede erstreckt, kann mit einigen der schönsten Barockbauten Ortygias aufwarten. Sehenswert sind der Palazzo Impellizzeri (Nr. 17) mit seinem hübschen tief geneigten Giebel, der Palazzo Bonanno (33), in dem sich das Tourismusbüro befindet, der Palazzo Barbato Gargallo (50) mit seinem außen angebrachten Treppenhaus, der üppig verzierte Palazzo Bufardeci (72), die Kirche San Francesco all'Immacolata und ein zweiter Palazzo Impellizzeri (99), der mit einer wahren Orgie monströser und menschlicher Masken dekoriert ist.

Giudecca

Südöstlich von San Francesco führen zwei enge Gassen ins mittelalterliche Judenviertel. Hier lebte die jüdische Gemeinde von Syrakus bis zu ihrer Vertreibung durch die Spanier im 16. Jh.

Castello Maniace

Die viereckige Festung an der Südspitze der Insel wurde 1239 unter Friedrich II. errichtet, hat ihren Namen aber vom byzantinischen Admiral George Maniaces, der das von den Arabern besetzte Ortygia 200 Jahre später in seine Gewalt brachte. Heute ist Castello Maniace eine italienische Militärbasis, die nur vom Meer aus zu besichtigen ist. (Rundfahrten starten von der Marina am Molo Zanagora am nördlichen Ende des Foro Vittorio Emanuele II).

Syrakus

Auf dem Festland breitet sich die Stadt rasterförmig aus, durchzogen von breiten Schnellstraßen. Im »Hinterland« der antiken Kolonie gibt es griechische und römische Heiligtümer, Theater, Steinbrüche, die Material für die Bauwerke lieferten, die äußeren Verteidigungswälle und frühchristliche Katakomben. Die vier von den Griechen und Römern angelegten Stadtbezirke sind mit dem Bus erreichbar: Achradina ist das kommerzielle Zentrum; in Tyche befinden sich das archäologische Museum und die Katakomben; der Archäologie-Park im Distrikt Neapolis umfasst die Reste der wichtigsten griechischen Bauten; in den westlichen Außenquartieren von Epipolae sind Teile der Befestigungswälle und der Burg Euryalus zu sehen.

SYRAKUS

Parco Archeologico
Der 1955 eröffnete Park, eine groß angelegte archäologische Ausgrabungsstätte, ist nicht in allen Bereichen für das Publikum zugänglich. Vor dem Besuch lohnt es sich, rund um den Park herumzufahren – Via Romagnoli, Viale Rizzo, Viale Agnello und Viale Paolo Orsi –, um die zum Teil spektakuläre Sicht auf die antiken Monumente zu genießen.

Ara di Ierone II
Der riesige Altar unmittelbar südlich des Eingangs wurde von König Hieron II. im 3. Jh. v. Chr. errichtet, um seinen berühmten Vorgänger Timoleon mit Opfergaben an Zeus zu ehren. Von dem rechteckigen Bauwerk, in dem hunderte von Stieren in einer einzigen Zeremonie hätten geschlachtet werden können, ist nur der Fußboden übrig geblieben, zusammen mit den Spuren eines Portals und einem Becken für rituelle Waschungen.

Teatro Greco
Das weiter nördlich gelegene Theater ist eines der schönsten der antiken Welt Griechenlands. Das halbrunde Auditorium und die Bühne wurden im 5. Jh. v. Chr. aus dem Felshügel gehauen und 200 Jahre später von Hieron II. auf die heutige Größe erweitert. Auf den 61 Sitzreihen, von denen 46 intakt geblieben sind, fanden 15 000 Zuschauer Platz. 470 v. Chr. führte der bekannte Tragödiendichter Äschylus hier *Die Perser* auf. Der einheimische Komödienschreiber Epicharmus präsentierte ebenfalls viele seiner Werke hier. Bevor sie ihr eigenes Theater bauten, höhlten die Römer das Orchester und die Bühne aus, um Platz zu haben für ihre Gladiatorenkämpfe und die inszenierten Seeschlachten. Heute werden Musikfestivals und griechische Dramen aufgeführt.

Latomia del Paradiso
Östlich des Theaters gähnen die tiefen Schluchten, wo die Syrakuser den grauweißen Sandstein für ihre Bauten herausbrachen. Die 45 m hohe ausgehöhlte, nackte Felsfront war zugleich Gefängnismauer für 7000 athenische Krieger nach ihrer Niederlage in der Seeschlacht von 413 v. Chr. Seinen heutigen Namen »Paradies-Steinbrüche« trägt der Ort zu Recht, bildet er doch einen zauberhaften Garten mit Oleander, Palmen und Orangenbäumen. Am berühmtesten ist das Orecchio di Dionisio (»Ohr des Dionysios«). Der Maler Caravaggio, der die Steinbrüche 1608 besuchte, nannte die längliche Höhle so. Der Legende nach ermöglichte es die außerordentliche Akustik der Steinbrüche dem Tyrannen Dionysios, die Gefangenen unbemerkt zu belauschen.

SYRAKUS

Anfiteatro Romano
Das römische Amphitheater in der südöstlichen Ecke des Parks haute man im 3. und 4. Jh. v. Chr. größtenteils direkt aus dem Felsen. In der 140 m langen, ellipsenförmigen Arena wurden Zirkusvorstellungen geboten. In die Brüstung sind die Namen führender Bürger der damaligen Zeit eingraviert.

Museo Archeologico
Die 1988 eröffneten Gebäude in der Viale Teocrito 66 im Stadtteil Tyche bilden eine attraktive Kulisse für die antike Vergangenheit Syrakus' und des östlichen Siziliens. Unter den prähistorischen Exponaten in Sektion A finden sich Fossilien und Tierskelette, aber auch Geräte aus der Steinzeit und frühe Keramiken. Das klassische Griechenland wird in Sektion B gezeigt. Eines der schönsten Stücke ist die kopflose *Venus Anadyomene* aus dem 1. Jh. v. Chr., eine römische Kopie des Originals von Praxiteles. Sehenswert sind ferner eine farbige Gorgonen-Figur aus Terrakotta und ein kleiner Ephebe aus Bronze (beide 6. Jh. v. Chr.). In der Sektion C fallen unter den Werken aus der Region von Syrakus eine liebliche Tonfigur der sitzenden Göttin Demeter (6. Jh. v. Chr.) und einige prachtvolle Vasen aus Gela auf. In einem der oberen Stockwerke sind Funde aus der römischen und frühchristlichen Zeit ausgestellt.

Catacombe di San Giovanni
Die meisten der frühchristlichen Katakomben sind aus Sicherheitsgründen geschlossen. Besichtigen kann man die Catacombe di San Giovanni mit der Krypta des hl. Markian, eines Märtyrers aus dem 4. Jh., unter den Ruinen der Kirche San Giovanni Evangelista. Dieses formannisch-romanische Gotteshaus gegenüber dem Tourismusbüro in der Via San Sebastiano, einst die Kathedrale von Syrakus, wurde nach dem Erdbeben von 1693 nur teilweise wieder aufgebaut. Die Krypta entstand im 6. Jh. an der Stelle, an der man Bischof Markian im Jahre 254 angeblich zu Tode geprügelt hatte. Zudem gibt es einen modernen Altar, der den Ort kennzeichnet, wo Paulus im Jahre 60 gepredigt haben soll.

Die umliegenden Katakomben stammen aus der Zeit vor dem Kryptabau. Bei einer Führung erklärt man Ihnen die Hierarchie der Gräber, von geräumigen Rotunden für Heilige und Märtyrer über große Kammern für noble Familien bis hin zu den unzähligen kleinen Ausbuchtungen in den Wänden für Kinder.

Madonna delle Lacrime
Gegenüber dem Museum und den Katakomben dominiert die-

SYRAKUS

Die Uferpromenade nahe der Fonte Aretusa in Ortygia ist ein beliebter Treffpunkt für die abendliche passeggiata.

ses hässliche moderne Heiligtum die ganze Umgebung mit einer 90 m hohen »Träne« *(lacrima)* aus Beton. Das Monument erinnert an die wundersamen Tränen, die ein Madonnenbild 1953 während fünf Tagen vergoss, und zieht jedes Jahr hunderte von Pilgern an.

Piazza della Vittoria

Südlich des Tränentropfen-Heiligtums haben Ausgrabungen ein ausgedehntes Viertel mit griechischen und römischen Häusern zu Tage gebracht. Sie wurden während 900 Jahren, von der klassischen Zeit bis ins 4. Jh., bewohnt.

Santa Lucia

Die Gedenkstätte der Schutzpatronin der Stadt steht am Ort ihres Martyriums auf einem weiten Platz. Von der ehemaligen Kirche sind das normannische Portal, das Rosettenfenster, der Glockenturm und die Apsis erhalten geblieben; der Rest stammt größtenteils aus dem 16. Jh. Die benachbarte achteckige Cappella del Sepolcro (17. Jh.) hat allerdings die sterblichen Überreste der hl. Lucia nie beherbergt. Diese wurden nach Konstantinopel gebracht und dann nach Venedig, bevor sie wieder nach Syrakus zurückkehrten – in eine Kapelle im Dom. Die Katakomben sind geschlossen.

CASTELLO EURIALO • PANTALICA • PALAZZOLO ACREIDE

Castello Eurialo

Ein Halbtagesausflug durch die westlichen Vorstädte bringt Sie zu den antiken Befestigungen, die Dionysios der Ältere um 400 v. Chr. erbauen ließ, um Angriffe aus dem Innern der Insel abzuwehren. Die Mauern auf den Hügeln von Epipolae markierten die Westgrenze der Stadt. Am höchsten Punkt steht das Castello Eurialo, die am besten erhaltene griechische Festung des ganzen Mittelmeerraums. Sie wurde unter Hieron II. im 3. Jh. v. Chr. errichtet und wahrscheinlich vom Mathematiker Archimedes entworfen, der zu jener Zeit als Chefingenieur der Armee diente. Drei Burggräben schützen die fünftürmige Anlage; die Felswände waren untertunnelt, um Nahrungsversorgung und Truppenbewegungen zu gewährleisten. Ungeachtet Archimedes' legendären Tüfteleien verdankt die Festung ihren guten Zustand größtenteils der Tatsache, dass sie sich 212 v. Chr. den Römern widerstandslos ergab.

Pantalica

Ein Abstecher durch das Anapo-Tal ins Hinterland von Syrakus vermittelt einen guten Eindruck von der imposanten Landschaft des Iblei-Gebirges. Auf diesem Weg flohen die einheimischen Sikuler vor den ersten griechischen Siedlern; später erschlossen die Syrakuser auf dieser Route das Ackerland im Inselinnern.

Eine beschwerliche 40-km-Fahrt bringt Sie zur Nekropolis von Pantalica. Wie Bienenwaben überziehen mehr als 5000 in den Fels gehauene Gräber die Wand der Schlucht. Hier lebten die sikulischen Flüchtlinge, und hier begruben sie vom 13.–8. Jh. v. Chr. ihre Toten. Auch die Syrakuser benutzten die Höhlen auf der Flucht vor barbarischen Invasoren. Der beste Zugang führt von Westen durch das hübsche kleine Dorf Ferla. Über Felstreppen und -pfade gelangt man zu den Familiengräbern, in denen jeweils mehrere Skelette liegen.

Palazzolo Acreide

Die Stadt 18 km südlich von Ferla entwickelte sich aus der antiken syrakusischen Siedlung Akrai. Auf der Piazza Umberto sind zwei schöne Bauwerke aus dem 18. Jh. zu sehen: die Kirche San Paolo und der Palazzo Zocco. Auf der Piazza del Popolo erhebt sich San Sebastiano über einer majestätischen Treppe. In der Casa di Antonino Uccello (Via Machiavelli) gibt es ein Folklore-Museum.

Das antike Akrai diente einst als wichtiger Handelsposten auf der Inlandstraße zwischen Syrakus und Agrigento. Die archäologischen Grabungen am südwestlichen Stadtrand brachten ein kleines griechisches Theater aus dem 3. Jh. v. Chr. und Überreste des Senatsgebäudes *(bouleuterion)* zum Vorschein. Die Steinbrüche wurden auch für in den Fels gehauene byzantinische Behausungen und frühchristliche Gräber benutzt.

Noto

Noto, 52 km südwestlich von Syrakus, ist ein gutes Beispiel für die Kreativität, die das große Erdbeben von 1693 auslöste. Die ideenreiche Stadtplanung, die die prachtvolle Barockarchitektur schön zur Geltung bringt, ist das Werk Giuseppe Lanzas, des Herzogs von Camastra, den der spanische Vizekönig zur Leitung des Wiederaufbaus nach Sizilien entsandte. Nach einem Augenschein auf den Trümmerhaufen überging er die Wünsche der Bürger und befahl den Neubau der Stadt 10 km südöstlich der alten Siedlung, die heute als Noto Antica bekannt ist. Dank der schnellen Ausführung und der autoritären Leitung des Herzogs kam Noto zu seiner einmaligen architektonischen Harmonie, die keine der anderen rekonstruierten Städte Ostsiziliens erreichte. Lanza schuf getrennte Wohnviertel – für die politische und religiöse Elite im Zentrum, für die einfache Bevölkerung am Stadtrand. Die Hauptstraßen führten von Osten nach Westen, um die honigfarbenen Steinfassaden der Gebäude abwechslungsweise ins Licht der Morgen- und Abendsonne zu tauchen. Immer wieder öffnen sich Plätze, die eine theatralische Kulisse für die Bauwerke der Meister des sizilianischen Barocks – Rosario Gagliardi, Vincenzo Sinatra und Paolo Labisi – bilden.

Corso Vittorio Emanuele

Von Osten her führt der Corso durch den Triumphbogen der spanischen Bourbonen, die Porta Reale, mitten in das Patrizierviertel. Das Stadttor von 1838 steht auf einem treppenförmigen Podest und ist mit drei Symbolen verziert: einem Pelikan für den Opfergeist, einem Turm für die Stärke und einem Hund für die Loyalität. Hinter der Pforte kommt man zu der von Vincenzo Sinatra 1704 entworfenen Kirche San Francesco all'Immacolata. In ihrem Innern verschönert eine hölzerne Madonna aus Noto Antica den Hauptaltar. Links des Gotteshauses ist die in noch reinerem Barockstil gehaltene Fassade des Klosters Santissimo Salvatore zu erkennen, mit einem Wachturm und eleganten schmiedeeisernen Balkonen. Ebenso üppig präsentiert sich Gagliardos Kirche Santa Chiara, die einen anmutigen ovalen Innenraum mit einer Madonnenstatue von Antonello Gagini aufweist.

Die barocken Balkone an der Via Nicolaci sind mit geflügelten Pferden und Cherubinen verziert.

Piazza del Municipio

Auf dem schönsten Barockplatz der Stadt trifft sich Alt und Jung zur abendlichen *passeggiata*. Im arkadengesäumten Palazzo Ducezio (1746) tagt heute das Parlament; der Name stammt vom Helden Ducetius, der 450 v. Chr. eine Revolte der Sikuler gegen Syrakus anführte. Auf der anderen Seite ragt über einer imposanten Treppe die Fassade des Doms mit den zwei Türmen auf, der – wie auch der Palazzo – von Sinatra entworfen und 1776 fertig gestellt wurde. Die Kuppel und das Dach der Kathedrale werden gegenwärtig restauriert, nachdem sie 1996 eingestürzt sind.

Via Nicolaci

Die schmale Gasse, die im Westen der Piazza del Municipio zur Via Cavour führt, ist ein Juwel des »Bühnen-Barocks«. Am Palazzo Villadorata zur Linken und am Palazzo Landolina zur Rechten dienten schmiedeeiserne Balkone auf Konsolen, die mit Steinskulpturen verziert sind, als Theater-Logen für den Adel.

Piazza XVI Maggio

In der Mitte des Platzes befindet sich ein kleiner Garten mit einem Brunnen aus Noto Antica, dem eine Herkules-Statue aus dem 18. Jh. beigefügt wurde. Die Kirche San Domenico (1703) dahinter ist ein Werk Rosario Gagliardis. Im mit viel Stuck verzierten Innern fallen die fünf Kuppeln und die mehrfarbigen Altäre auf.

Santissimo Crocifisso

Die von Rosario Gagliardi entworfene Kirche im nördlichen Arbeiterviertel an der Via Cirillo wurde nie vollendet, lohnt aber eine Besichtigung wegen Francesco Lauranas Altarschmuck, der *Madonna della Neve* (Madonna des Schnees, 1471) im rechten Querschiff. Die Madonna und die Steinlöwen wurden aus Noto Antica hierher gebracht.

Eloro

In dieser alten Stadt unweit von Noto können Sie die prachtvollen Tellaro-Mosaiken bewundern, die einst den Boden einer römischen Villa zierten. Dargestellt sind Jagdszenen und Episoden aus dem Trojanischen Krieg.

Modica

Wie die anderen Städte Südostsiziliens wurde auch Modica nach dem Erdbeben von 1693 wieder aufgebaut und thront dramatisch auf einem Gebirgskamm an den südlichen Hängen des Iblei-Gebirges. Im Mittelalter war Modica eine Zitadelle der Barone von Chiaramonte. Wahrzeichen der Barockstadt ist die großartige Kirche San Giorgio aus dem 18. Jh. Eine stattliche Treppe mit 300 Stufen führt zu der von Rosario Gagliardi geschaffenen, sanft geschwungenen dreistufigen Fassade hinauf. Auf dem Hauptaltar im Innern stellt ein Polyptychon von Bernardino Niger (1513) den hl. Georg mit der Heiligen Familie dar; im rechten Seitenschiff ist eine *Himmelfahrt* (1610) Filippo Paladinos zu sehen. Im benachbarten Palazzo Polara befindet sich eine sizilianische Gemäldesammlung. Wenn Sie eine schöne Aussicht auf Stadt und Umgebung genießen wollen, gehen Sie Richtung Norden zum Belvedere Pizzo neben der Kirche San Giovanni Evangelista, die man 1839 wieder aufgebaut hat.

Ragusa

Der Ort, der auf eine gut 3000-jährige Geschichte zurückblicken kann, seit sikulische Flüchtlinge ihn als Festung im Landesinnern gründeten, ist heute zweigeteilt: in die moderne Oberstadt Ragusa Superiore und die ruhige, tiefer gelegene Altstadt Ragusa Ibla (nach den Iblei-Bergen). Die Trennung wurde durch das Erdbeben von 1693 verursacht. Nach der Zerstörung siedelte man Handel und Industrie (in jüngerer Zeit vorab Asphalt und Öl) auf einem höher gelegenen Gebirgskamm im Westen an, während das historische Zentrum mit seinen mittelalterlichen Strukturen im Barockstil »aufgefrischt« wurde.

RAGUSA

Ragusa Superiore

Das Herz der Oberstadt bilden die hektischen Geschäftsstraßen Via Roma (Nord-Süd) und Corso Italia (Ost-West). Auf der Piazza San Giovanni zeugt die gewaltige Kathedrale aus dem 18. Jh. vom Wachstumswillen Ragusas.

Im archäologischen Museum am Südende der Via Roma sind prähistorische Fundgegenstände, griechische Keramiken und spätrömische Mosaiken zu sehen.

Das imposanteste Barockbauwerk am Corso ist der Palazzo Bertini aus dem 18. Jh., dessen Fassade groteske Masken zieren.

Von den Treppen *(scale)* der Kirche Santa Maria delle Scale am Corso Mazzini, der sich von der mittelalterlichen Hälfte Ragusas zur modernen Oberstadt hinaufwindet, hat man einen wunderbaren Blick auf die Altstadt. Die Kirche wurde nach dem Erdbeben neu aufgebaut. Am Fuß des Glockenturms blieben Teile der äußeren Kanzel und des Portals und im Innern die Gotik-Renaissance-Arkaden im rechten Kirchenschiff erhalten. Eine Treppe führt am Palazzo Nicastro und Palazzo Cosentini (18. Jh.) und an der reich verzierten Barockkirche des Purgatorio vorbei.

Ragusa Ibla

Fern der modernen, klar aufgeteilten Industriestadt kann man sich hier in engen Gässchen und Treppengängen verlieren, die eine Ahnung von Ragusas Vergangenheit als Festung der arabischen und normannischen Herrscher vermitteln. Erholung und Kühle finden Sie unter den Bäumen des Giardino Ibleo am östlichen Rand der Altstadt.

Die von Rosario Gagliardi geschaffene beeindruckende Chiesa San Giorgio (1739) ist zwar nicht mehr Ragusas Kathedrale, aber immer noch die beliebteste Hochzeitskirche. Ihre erhabene Fassade und der Glockenturm überragen die Palmen auf der länglichen Piazza. Weiter östlich, an der Piazza Pola, bietet die Kirche San Giuseppe einen ebenso üppigen Anblick in etwas kleinerem Maßstab. Im ovalen Innenraum ist Sebastiano Lo Monacos schönes Deckenfresko zum Ruhme des hl. Benedikt (1793) zu sehen.

Ausflüge

Tagesausflüge zu den Badeorten südwestlich Ragusas führen Sie durch Städte mit attraktiven Barockbauten: In Comiso gruppieren sich edle Palazzi und die Chiesa Madre rund um die Piazza del Municipio. In Vittoria dominiert die Kirche Madonna della Grazia (1754) die Piazza del Popolo, während die Chiesa Madre über der kleineren Piazza Ricca aufragt. Die bekanntesten Strände sind Punta Braccetto, Marina di Ragusa und Donnalucata.

DER OSTEN
Catania, Ätna, Acireale, Taormina, Messina

Die Ostküste ist meist das erste, was Neuankömmlinge von Sizilien sehen. Über allem dräut der Ätna, der Besucher mit dem immer vorhandenen Risiko eines neuen Ausbruchs zugleich ängstigt und fasziniert. Der Vulkan liefert aber auch fruchtbare Erde für die Obst- und Weingärten an seinen Bergflanken. Catania ist der geschäftigste Flughafen der Insel und Ausgangspunkt zu den meisten Ferienorten an der Küste. Der berühmteste unter ihnen ist seit der Antike Taormina, umgeben von herrlichen Stränden wie bei Giardini-Naxos. Weiter im Norden liegt die Hafenstadt Messina, von wo aus die Fähren zum italienischen Festland und zu den Äolischen Inseln verkehren.

Catania

Die mit 342 000 Einwohnern zweitgrößte Stadt Siziliens, die der finsteren Präsenz des hinter den nördlichen Vororten aufragenden Ätnas trotzt, ist eine Besichtigung wert, bevor Sie in die umliegenden Ferienorte aufbrechen. Das moderne Catania ist buchstäblich aus der Asche wieder auferstanden, nachdem es beim katastrophalen Ätna-Ausbruch von 1669 von vulkanischer Lava verschüttet und 1693 noch einmal durch das große Erdbeben verwüstet wurde. Die Hauptstraße heißt denn auch Via Etnea. Die meisten Bauwerke der von Giovanni Battista Vaccarini aus Palermo wieder errichteten Stadt, die die Bomben des 2. Weltkriegs unbeschadet überstanden, sind Barockgebäude. Die Universität – die erste Siziliens, von den Spaniern 1434 gegründet – verleiht dem Stadtzentrum eine jugendliche Atmosphäre.

Obwohl Katane vermutlich die früheste der von den Chalkidiern gegründeten griechischen Siedlungen war (729 v. Chr.), hörte man nichts mehr von der Stadt bis zu ihrer Eroberung durch die Römer im Jahr 263 v. Chr. Alle größeren antiken Baudenkmäler stammen aus römischer Zeit. Die Araber verhalfen Catania mit ihrer Landwirtschaft zu Wohlstand, vor allem durch eingeführte Zitronen- und Orangenbäume und durch neue Bewässerungsmethoden. Die Eroberung durch die Normannen brachte den Handel mit Nordafrika zum Erliegen. Kaiser Friedrich II. baute hier seine Festung, Castello Ursino; die nachfolgenden spanischen Herrscher unternahmen wenig, um die Stadt gegen Piraten zu verteidigen, und so ging ihre wirtschaftliche Bedeutung ständig zurück. Die Wende brachte der

CATANIA

Diese traditionellen Puppen in Catania stellen die Paladine am Hofe Karls des Großen dar.

Wiederaufbau im 18. Jh. Catanias berühmteste Bürger sind der Komponist Vincenzo Bellini und der Romancier Giovanni Verga.

Piazza del Duomo

Der Platz, wo sich einst die römischen Bäder befanden, und der seit normannischer Zeit das Stadtzentrum bildet, ist geprägt von Barockbauten. Sie umrahmen das lustige Wahrzeichen Catanias, die Fontana dell'Elefante, die 1736 von Vaccarini im charakteristischen Stilgemisch Siziliens entworfen wurde. Der Elefant aus schwarzem Lavagestein, der über dem Brunnen thront, ist antiken Ursprungs, wahrscheinlich römisch. Auf seinem Rücken trägt er einen ägyptischen Granit-Obelisken mit Hieroglyphen der Göttin Isis; gekrönt ist das Ganze mit den Wahrzeichen der christlichen Schutzpatronin der Stadt, der hl. Agatha. Das Rathaus aus dem 18. Jh. steht an der Nordseite der Piazza, gegenüber der Porta Uzeda (1696), die zum großen Straßenmarkt führt.

Duomo

Die normannische Festungs-Kirche aus dem 11. Jh. wurde nach dem Erdbeben von 1693 wieder aufgebaut und mit einer von Vaccarini entworfenen dekorativen Barockfassade aus Kalkstein ver-

CATANIA

sehen. An der Nordseite ist ein schönes Portal aus dem 16. Jh. erhalten geblieben; die zinnenbewehrte Apsis aus Lavagestein ist vom Innenhof des Bischofspalastes aus zu sehen. Der Glockenturm wurde erst im 19. Jh. hinzugefügt. Neben der zweiten Säule rechts im Kircheninnern befindet sich das Grab Vincenzo Bellinis. In der Kapelle der hl. Agatha in der südlichen Apsis wird die Märtyrerin, der die Kathedrale gewidmet ist, mit einem Marmor-Triptychon von Antonello Freri (15. Jh.) geehrt. Ihr Leben wird in den Schnitzereien des hölzernen Chorgestühls dargestellt. In der Madonnen-Kapelle im südlichen Querschiff enthält ein römischer Sarkophag aus dem 3. Jh. die sterblichen Überreste der Könige von Aragonien.

Badia di Sant'Agata

Diese Abteikirche mit der ausladenden Kuppel gegenüber der Kathedrale an der Via Vittorio Emanuele II ist eines der vielen der Schutzpatronin geweihten Gotteshäuser der Stadt. Es gilt als Vaccarinis Meisterwerk.

Via Crociferi

Im Westen parallel zur Via Etnea verlaufend, gilt die Via Crociferi zu Recht als eleganteste Barockstraße Catanias. Beginnen Sie mit der Besichtigung beim Torbogen von San Benedetto, der 1704 in einer Nacht erbaut worden sein soll. Hinter zwei Abteikirchen, Badia Grande linkerhand und Badia Piccola rechterhand, führt eine Treppe zur Kirche San Benedetto (1713) mit ihrem prunkvoll geschnitzten Holzportal hinauf. Nüchterner wirkt die Kirche San Francesco Borgia gegenüber dem Jesuitenkolleg (heute die städtische Kunstakademie), das um vier Innenhöfe herumgebaut ist. Etwas weiter nördlich steht die entzückende Chiesa San Giuliano (1760) von Vaccarini.

Castello Ursino

Die durch Lavaströme und Erdbeben mehrmals beschädigte, abweisende Festung Friedrichs II. (1239) am Südrand des *centro storico* wird gegenwärtig restauriert. Hier befindet sich auch das vor kurzem wieder eröffnete Stadtmuseum (*Museo Civico*).

HÖHEPUNKTE

- **Taormina** – Siziliens mondänster Ferienort und sein großartiges griechisches Theater.
- **Ätna** – der höchste Vulkan Europas, der immer noch aktiv ist.
- **Giardini-Naxos** – entspannen an einem herrlichen Strand.

CATANIA

Via Garibaldi
Eine der Durchgangsstraßen, die vom Stadtzentrum wegführen. Sie überquert mehrere lebhafte Plätze wie die Piazza Mazzini und die Piazza Palestro, an ihr stehen Palazzi aus dem 18. Jh. und das finstere Gefängnis der Bourbonen. Das Geburtshaus des Romanciers Giovanni Verga – heute ein Museum – befindet sich an der Ecke zur Via Sant'Anna.

Teatro Romano
Das römische Theater (Eingang Via Vittorio Emanuele 266) ist völlig eingeschlossen von Palästen aus dem 18. Jh. In den Hang der ehemaligen Akropolis gebaut, ersetzte das 7000-plätzige Amphitheater aus Lavagestein ein früheres griechisches Bauwerk. Das benachbarte kleinere Odeon wurde für Musikdarbietungen und Dichterlesungen genutzt.

Via Etnea
Die stattliche 3 km lange Avenue der reichen Bourgeoisie des 19. Jh. ist heute die Hauptgeschäftsstraße Catanias. Sie führt über die schöne Piazza dell'Università direkt nach Norden zum Vulkan. Der Palazzo San Giuliano ist ein Werk Vaccarinis. Die Collegiata, eine der schönsten Kirchen der Stadt, wurde 1720 von Angelo Italia entworfen; 1758 fügte Stefano Ittar die kunstvolle Fassade bei. Weiter nördlich auf der lang gezogenen Piazza Stesicoro liegen die Lavastein-Trümmer eines weiteren römischen Amphitheaters aus dem 2. Jh. v. Chr.

Villa Bellini
Nördlich des Zentrums bietet diese öffentliche Gartenanlage einen Augenblick der Ruhe inmitten mediterraner und halbtropischer Bäume und Büsche. Vom

---

LEBEN AUF DEM ÄTNA

Während die Menschheit häufig unter dem Vulkan gelitten hat, liebt ihn die Natur. Die Vegetation an den unteren Hängen ist die artenreichste der ganzen Insel: Bananen, Palmen, Feigenkakteen, Agaven, übergroße Orangen und Zitronen, Oliven und Eukalyptus. Der Rot-, Rosé- und Weißwein aus den Trauben der hiesigen Weinberge ist erstklassig. Weiter oben weichen die Mandel-, Kastanien- und Pistazienbäume Birkenhainen, Buchen, Steineichen und Pinien. Auf über 2000 m wachsen in der trockenen Landschaft nur noch Dornensträucher und Veilchen. Vogelkundler können Wiedehopfe, Bussarde, Turmfalken und grellblaue Finken sichten. Weiter gibt es Füchse, Marder, Wiesel und Igel, ab und zu Vipern und Schwärme von Schmetterlingen, darunter einer mit dem Namen *Aurora dell'Etna*.

CATANIA • ÄTNA

Der von Kratern bedeckte Ätna gleicht einer Mondlandschaft.

Hügel aus hat man eine herrliche Sicht über die Stadt im Süden und auf den Ätna im Norden. Der botanische Garten an der Piazza Roma weiter nördlich gilt als einer der besten Italiens.

Ätna

Der größte Vulkan Europas – einer der aktivsten weltweit – ändert seine Höhe jedes Jahr, je nachdem, wie der Gipfel beim letzten Ausbruch in die Luft geflogen ist. 1998 betrug seine offizielle Höhe 3343 m. Der Ätna tauchte vor rund 600 000 Jahren aus dem Meer auf und ist laut historischen Berichten seit der Antike bis heute 136-mal ausgebrochen, allein 15-mal im 20. Jh. Der schlimmste Ausbruch fand 1669 statt, als die Lavamasse Catania verschüttete. Sogar die Bewohner der Stadt Belpasso 163 km weiter südlich mussten das Weite suchen. Als der Vulkan im Dezember 1991 zu spucken begann, dauerten die Eruptionen bis zum Frühling 1993. Das jüngste Schauspiel lieferte der Berg im Herbst 2002, als ein Ascheregen auf Catania niederging.

Krater

Von Catania aus erreicht man in einer Stunde Fahrt am schnell wachsenden Ferienort Nicolosi vorbei den Fuß des Ätna. Das

Fremdenverkehrsbüro an der Via Etnea in Catania verfügt über die aktuellsten Informationen zu vulkanischen Aktivitäten und der Zugänglichkeit des Kraters. Der Ausflug zum Gipfel beginnt beim Rifugio Sapienza, dem Berghaus neben der Seilbahnstation auf 1910 m. Die Seilbahn wird voraussichtlich im Herbst 2004 wieder in Betrieb gesetzt. Von hier gelangt man mit geländegängigen Minibussen bis La Montagnola auf 2640 m Höhe und danach zum unteren Rand des Kraters auf 2900 m und zum Torre del Filosofo – benannt nach dem griechischen Philosophen Empedokles, der 433 v. Chr. in den Krater gesprungen sein soll. Der Aufstieg zum eigentlichen Gipfel ist nur in Begleitung eines offiziellen Führers möglich. Ein besonderes Erlebnis ist der Sonnenauf- oder -untergang vom Ätna. An klaren Tagen reicht die Sicht bis nach Malta.

Acireale

Dieser attraktive Badeort 16 km nördlich von Catania kann auf einer Rundreise um den Ätna besucht werden. Wie die meisten Städte der Region wurde Acireale nach dem Erdbeben von 1693 wieder aufgebaut.

Piazza del Duomo

Der harmonisch proportionierte Platz diente früher als attraktive Kulisse für Theatervorstellungen und Konzerte unter freiem Himmel. Eine ansprechende zweistufige Barockfassade und ein Campanile prägen die Kirche San Pietro e Paolo. Rechterhand ist der Palazzo Communale aus dem 17. Jh. mit reizvollen schmiedeeisernen Balkonen auf Konsolen voller Wasserspeier und Masken ausgestattet. Der doppeltürmige Duomo zur Linken weist eine neugotische Fassade auf, die zu Beginn des 20. Jh. hinzugefügt wurde; das schöne Portal aus dem 17. Jh. ist erhalten geblieben.

Terme di Santa Venera

Am Südrand der Stadt sprudeln im neuklassizistischen Badeort warme Schwefelquellen mit einer konstanten Temperatur von 22 °C aus dem Boden – ideal für ein erholsames Bad nach der Besteigung des Ätna.

Taormina

Die Stadt hat ihren Ruf als zauberhaftester Ferienort Siziliens behalten, seit die griechischen Patrizier von Syrakus zur Sommerfrische hierher kamen. Tauromenion wurde im 4. Jh. v. Chr. von Siedlern aus dem benachbarten Naxos an den Hängen des Monte Tauro gegründet. Der besondere Reiz Taorminas liegt in seinem milden Klima, dem magischen Licht auf der Hochebene 200 m über dem Meer, seinen Palazzi und Villen mit der großartigen Aussicht, den duftenden Gärten und dem imposanten griechischen Theater.

Teatro Greco

Das klassische Theater wurde im 3. Jh. v. Chr. aus dem Muttergestein des Monte Tauro gehauen und 500 Jahre später von den Römern für ihre Gladiatorenkämpfe vergrößert. Vom halbrunden griechischen *orchestra*, das die Musiker, der Chor und auch die Schauspieler benutzten, sind die weißen Marmorsäulen erhalten geblieben, die einen starken Kontrast bilden zu den hohen römischen Sitzreihen aus rotem Backstein und den grünen Zypressen dahinter.

Das Taormina-Arte-Festival mit Musik-, Theater- und Filmvorführungen, das hier im Sommer abgehalten wird, muss mit der unvergleichlichen Aussicht auf den Ätna und das Meer konkurrieren.

Corso Umberto I

Taorminas Hauptstraße – täglicher Schauplatz der angeblich elegantesten *passeggiata* Italiens – windet sich in einer sanften Steigung von der Porta Messina am Nordrand der Stadt zur Porta Catania im Südwesten. Sie ist gesäumt von einer ganzen Reihe hübscher Cafés, Konditoreien, Restaurants und Modeboutiquen.

Palazzo Corvaja

Der stattliche zweiflüglige Palazzo, in dem das Tourismusbüro untergebracht ist, besitzt einen viereckigen, im 11. Jh. von den Arabern erbauten Turm, einen Innenhof und eine Außentreppe, die im 13. und 15. Jh. von den Deutschen und den Spaniern hinzugefügt wurden. Hier befindet sich auch das Museum für Kunst und Brauchtum (*Museo Siciliano di Arte e Tradizioni Popolari*). Der Platz an der Rückseite des Gebäudes war einst das römische Forum.

Villa Comunale

Folgen Sie vom Palazzo Corvaja dem gelben Wegweiser zu den öffentlichen Gärten der Villa Comunale. Von hier bietet sich ein herrlicher Blick auf die Bucht und den Ätna.

Santa Caterina d'Alessandria

Die Barockkirche aus dem 17. Jh. aus rosa Marmor und einheimischem Sandstein wurde über einem antiken Tempel errichtet. Dahinter liegen die Überreste eines kleinen römischen Odeons.

Naumachia

Diese massive römische Mauer aus rotem Backstein war vermutlich Teil des antiken Wasserreservoirs der Stadt. Der Name leitet sich von den »Seeschlachten« (*naumachiae*) ab, die – wie man

TAORMINA

annimmt – hier zur Unterhaltung der Römer aufgeführt wurden.

Piazza IX Aprile
In der Mitte des Corso bietet diese Piazza mit der Terrasse eine bezaubernde Aussicht auf den Ätna und die Bucht von Taormina. Links erhebt sich die gotische Kirche San Agostino (1448), die heute eine Bibliothek beherbergt. Hinter dem Glockenturm aus dem 16. Jh. und der Chiesa San Giuseppe gelangt man in den mittelalterlichen Stadtteil mit seinen Häusern mit gotisch-katalanischen Portalen und Stabwerk-Fenstern.

Duomo
Der strenge Eindruck dieser Festungskirche aus dem 13. Jh. wird aufgelockert durch den im 17. Jh. beigefügten reich verzierten Eingang und einen barocken Brunnen auf dem Platz vor dem Dom.

Monte Tauro
Fahren Sie die kurvenreiche Via Circonvallazione Richtung Castelmola hinauf, und biegen Sie nach 4 km beim ersten Wegweiser *Salita Castello* rechts in eine Naturstraße ein. Die Ruine der mittelalterlichen Burg steht auf dem Gipfel des Monte Tauro (398 m), an der Stelle der alten Akropolis, mit wunderbarem Ausblick auf das moderne Taormina und das Theater. Etwas weiter oben an der Bergstraße erreichen Sie Castelmola, ein reizvolles kleines Dorf mit der Ruine einer mittelalterlichen Burg und einigen angenehmen Cafés.

Strände
Die Küste nördlich und südlich der Stadt hat mehrere einladende Badeorte zu bieten. Unmittelbar im Norden befinden sich die Kieselbuchten von Mazzaro (erreichbar mit der Seilbahn von der Via Pirandello aus). Im nahen Cap Sant'Andrea kann man Grotten besichtigen. Noch weiter nördlich locken die Sandstrände von Spisone und Letojanni.

Giardini-Naxos
Der beliebte Ferienort auf der Landzunge von Capo Schiso 4 km südlich Taorminas diente als Hafen für die antike Stadt. Zuvor war es eine der ersten griechischen Siedlungen Siziliens, die 734 v. Chr. von der ägäischen Insel Naxos aus kolonisiert wurde. Vom langen Sandstrand an der geschwungenen Bucht führt ein Spaziergang durch Zitrushaine zu einer Ausgrabungsstätte. Zu sehen sind Häuser, Mauern aus Lavagestein, zwei Backöfen, Fragmente eines Aphrodite-Tempels und ein kleines Museum.

Das elegante Taormina ist seit alters ein beliebter Ferienort.

Messina

Die geschäftige Hafenstadt, von der aus die Fähren über die 5 km breite Meerenge zum italienischen Festland verkehren, war bei den Griechen als *zancle* (Sichel – nach der Form des Hafens) bekannt. Hier begannen die Römer 263 v. Chr. ihren Siegeszug durch Sizilien. Die historischen Bauten Messinas wurden 1783 und 1908 durch Erdbeben und 1943 durch anglo-amerikanische Bomben größtenteils zerstört. Einige Kirchen hat man sorgfältig restauriert, doch der Rest der Stadt ist modern auf – wie man hofft – erdbebensicheren Fundamenten neu errichtet worden. Trotzdem lohnt sich ein Augenschein, etwa im ausgezeichneten Kunstmuseum, oder ein Besuch der Fischrestaurants am Hafen.

Duomo

Die gotische Kathedrale aus dem 12. Jh. auf der Piazza im Stadtzentrum wurde bereits dreimal wieder aufgebaut. Dennoch erinnert viel an ihr ursprüngliches Aussehen; das Portal und die Mosaike an der Fassade hat man im 15. Jh. hinzugefügt. Die Statue *Johannes der Täufer* (1525) von Antonello Gagini auf dem ersten Altar rechts im Innern ist das einzige Kunstwerk des Gotteshauses, das die Bombardierung von 1943 unbeschadet überstanden hat.

Piazza del Duomo

Der frei stehende Glockenturm des Doms zieht massenweise Besucher an, die sich die 1933 eingebaute astronomische Uhr ansehen wollen: Mittags ertönt ein Kanonenschuss, ein mechanischer Löwe brüllt, und ein Hahn kräht; Jahreszeiten und Feiertage werden durch christliche und heidnische Figuren angezeigt. Immer gegenwärtig ist der Tod mit seiner Sense. Die Fontana di Orione von Giovanni Montorsoli in der Mitte des Platzes wurde 1547 zur Einweihung des ersten Aquädukts der Stadt gebaut. Der griechische Sagenheld Orion soll der mythische Gründer Messinas gewesen sein.

Museo Regionale

Das Museum ist in einer Spinnerei aus dem 19. Jh. an der Via della Liberta 465 am nördlichen Stadtrand untergebracht. Die Gebäude gruppieren sich um einen Innenhof, in dem liebevoll restaurierte Portale von den beim Erdbeben 1908 zerstörten Kirchen zu sehen sind. Die Ausstellung umfasst byzantinische und mittelalterliche Gemälde und Skulpturen; die Schätze des Hauses sind Werke Antonello da Messinas, etwa das Polyptychon des hl. Gregorius (1473), und Caravaggios *Anbetung der Hirten* und *Auferstehung des Lazarus* (1608–09 in Messina geschaffen).

▶ DAS INSELINNERE
Enna, Petralia, Piazza Armerina,
Villa Romana del Casale, Caltagirone

Die Bevölkerung im gebirgigen Inselinnern nimmt wegen der andauernden Abwanderung in die großen Küstenstädte laufend ab. Trotzdem gibt es im Hinterland Orte von beachtlichem historischem Interesse; zudem bieten die Gebirgsregionen eine willkommene Abkühlung von der Hitze der Küstenebene. Römer, Araber und Normannen befestigten hier mehrere Städte, um die Verbindungen quer über die Insel zu sichern: Enna im geographischen Zentrum, Nicosia an der Route zwischen Palermo und Messina und Caltagirone zwischen Catania und Gela. In den fruchtbaren Gebieten errichteten die Römer ihre Latifundien rund um prunkvolle Villen – die berühmteste ist Casale in der Nähe von Piazza Armerina.

Enna
Die noch zu großen Teilen mittelalterliche Stadt ist mit Palermo, Cefalù und Catania durch die *autostrada* A19 verbunden. Gebaut auf einem keilförmigen, fast 1000 m hohen Gebirgskamm ist Enna bekannt als Siziliens »Belvedere«, wegen der fantastischen Aussicht auf die umliegenden Weizenfelder, Oliven- und Mandelhaine, bis hin zu den nördlichen und südlichen Bergketten und dem Ätna im Osten.

Castello di Lombardia
Verschiedenste Festungen wurden von Sikanern und Sikulern, den griechischen Tyrannen von Gela und später von den Römern, Byzantinern, Arabern und Normannen am Ostrand der Stadt errichtet, bevor Friedrich II. im 13. Jh. hier eine der gewaltigsten Burgen Siziliens baute. Die Spanier machten daraus eine Sommerresidenz und quartierten eine Garnison lombardischer Truppen ein – daher der Name. Der höchste der sechs Türme (von ursprünglich 20), Torre Pisana, bietet einen grandiosen Ausblick.

HÖHEPUNKTE
- **Enna** – großartiger Blick vom Castello und anderen Festungen.
- **Villa Romana del Casale** – Siziliens schönstes römisches Baudenkmal mit herrlichen Mosaiken.
- **Caltagirone** – Hochburg der sizilianischen Keramikkunst.

ENNA

Castello Manfredonico bei Mussomeli im Herzen Siziliens wurde im 14. Jh. von der mächtigen Adelsfamilie Chiaramonte erbaut.

Rocca di Cerere
Auf dem Felsvorsprung nordöstlich der Burg sieht man die Überreste eines griechischen Tempels, der 480 v. Chr. vom Tyrannen Gelon zu Ehren der Fruchtbarkeitsgöttin Demeter (Ceres für die Römer) errichtet wurde.

Duomo
Die imposante Barockfassade mit einem Portikus und der Glockenturm sind eine Rekonstruktion aus dem 16. Jh.; vom ursprünglich gotischen Dom stammen ein Querschiff und drei Apsiden. Schwarze Basaltsäulen mit behauenen Kapitellen trennen die Kirchenschiffe voneinander. Kassettendecke, Orgelempore und Chorgestühl sind schöne Holzarbeiten aus dem 15.–17. Jh.

Via Roma
Die Hauptstraße Ennas ist von prachtvollen, vorwiegend barocken Palazzi gesäumt. Ein gutes Beispiel katalanisch-gotischer Architektur stellt der Palazzo Pollicarini mit seiner eleganten Außentreppe dar. Der Glockenturm von San Giuseppe diente, wie andere Campanile auch, gleichzeitig als Wachturm. Die Chiesa San Marco entstand im 17. Jh. aus einer Synagoge.

Am südöstlichen Ende der Straße erhebt sich auf einem

Hügel im Stadtgarten die achteckige Torre di Frederico II aus dem 13. Jh. Der Turm war einst durch einen unterirdischen Tunnel mit dem Castello verbunden.

Museen
Die Kirchenschätze aus dem Dom sind im Museo Alessi untergebracht, das auch eine Sammlung byzantinischer Ikonen und sizilianischer Gemälde aus dem 19. Jh. besitzt. Griechischer und römischer Schmuck und antike Terrakotta-Grabfiguren sind unter anderem im archäologischen Museum im Palazzo Varisano südlich der Via Roma zu sehen.

Petralia
Der zweiteilige Ort an den Hängen eines Ausläufers des Madonie-Gebirges ist ein guter Ausgangspunkt für einen Besuch des nahen Naturschutzgebietes Parco Regionale delle Madonie. Die Parkverwaltung hat ihren Sitz in der Unterstadt Petralia Sottana (Corso Alliata 16). Das bemerkenswerteste Gotteshaus hier ist die im 17. Jh. wieder aufgebaute Chiesa Matrice mit einem spätgotischen Portal.

Eine schöne Sicht auf die Umgebung hat man von der ruhigeren mittelalterlichen Oberstadt Petralia Soprana aus, insbesondere vom Belvedere in der Nähe der Piazza del Popolo. In der Chiesa Madre (14. Jh.) kann man eine hölzerne *Kreuzigung* (17. Jh.) des einheimischen Bildhauers Fra Umile da Petralia bewundern.

Piazza Armerina
Das reizvolle, im 11. Jh. vom normannischen Grafen Roger gegründete Städtchen auf einem Hügel dient heute vor allem als Ausgangsbasis für einen Besuch der großartigen römischen Villa del Casale.

Duomo
Die barocke Kathedrale mit Kuppel und Glockenturm aus dem 14. Jh. dominiert die Oberstadt. Sie beherbergt unter anderem eine byzantinische Madonnen-Ikone. Die *Madonna delle Vittorie* wird zu Mariä Himmelfahrt (15. August) nach dem *Palio*-Turnier, bei dem man in mittelalterlichen Kostümen den Sieg des Normannenkönigs Roger über die Araber feiert, durch die Stadt getragen. Gegenüber dem Dom steht der Palazzo di Trigona.

Piazza Garibaldi
Dieser Platz im Herzen der Altstadt wird eingerahmt von der Barockkirche San Rocco (1613) mit ihrem monumentalen Portal und dem Palazzo di Città aus dem 18. Jh. Im Palazzo Canicarao in der nahe gelegenen Via Cavour ist das Fremdenverkehrsbüro untergebracht.

Villa Romana del Casale

Nur wenige Kilometer südwestlich von Piazza Armerina ist die prachtvolle Villa aus der Wende zum 4. Jh. n. Chr. Siziliens wichtigstes römisches Monument. Wissenschaftler nehmen an, dass der Besitzer der Residenz, die auf einer Fläche von 3500 m² 40 Räume aufweist, Kaiser Maximian war, der Mitregent Diokletians von 286–305. Vielleicht sind seine Safaris durch Afrika der Grund für die Orgie wilder Tiere, die die Mosaikböden der Villa bevölkern. Die Lebensnähe der Bilder lässt darauf schließen, dass sie von nordafrikanischen Künstlern geschaffen wurden, die diese Wesen bestens kannten.

Die Führung beginnt in einem *atrio* (Atrium) in der Südwestecke der Anlage und folgt einer bestimmten Route. Die Themen der Mosaiken weisen meist auf die Funktion des Raumes hin.

Thermae

Aus dem Atrium führen zwei kleine Räume in eine längliche Turnhalle *(palestra)*, deren Bodenmosaik die Wagenrennen im Circus Maximus in Rom darstellt. Das angrenzende achteckige *frigidarium* (Kaltbad) schmückt eine Meeresszene mit Delfinen, Nymphen und Tritonen. Das *aleipterion* (Salbungsraum) zeigt Sklavinnen beim Massieren von Badenden, während andere die Öle vorbereiten. Im *tepidarium* (warmes Bad) und in der *calidaria* (Sauna und heiße Bäder) kann man noch die Backsteinstützen für die Bodenheizung sehen.

Peristyl

Ein Vestibül führt östlich des Eingangsatriums zum säulenumgebenen Innenhof mit einem Brunnen. Die Mosaiken an den Seitenwänden zeigen geometrische Muster und Medaillons mit Vögeln und Köpfen von Tigern, Pantern, Keilern und Bären, aber auch Kühen und Pferden.

Kleiner Jagdsaal

Der Raum links des Peristyls ist geschmückt mit den lebendigen Darstellungen einer Fuchsjagd, eines Wildschweins in der Falle, eines Hasen, der der Göttin Diana geopfert wurde, und eines Banketts unter Bäumen.

Großer Jagdkorridor

Die Mosaiken in dem über 60 m langen Korridor sind der größte Schatz der Villa: detaillierte Szenen mit afrikanischen wilden Tieren – Elefanten, Flusspferde, Löwen, Nashörner, Panter, Kamele, Antilopen – und zwischen ihnen die barbusige Königin von Saba.

Raum der zehn Mädchen

Ein Zimmer südlich des Peristyls zeigt Mädchen, die Turnübungen ausführen – Gewichtheben, Dis-

Villa Romana del Casale • Caltagirone

Ausschnitt einer Jagdszene in der Villa Romana del Casale.

kuswerfen, Rennen –, wobei sie in eine antike Version des Bikinis gekleidet sind.

Triclinium
Die große Halle mit den drei Apsiden in der Südostecke der Villa ist ein weiteres Meisterwerk. Das Hauptthema hier sind die Heldentaten des Herkules.

Caltagirone
Die Stadt 30 km südöstlich von Piazza Armerina ist berühmt für ihre antike und moderne Keramik. Die Araber brachten im 9. Jh. ihre verfeinerte Technik und die leuchtend blauen und gelben Motive hierher. Die Straßen sind gesäumt von Werkstätten und Geschäften; das spektakulärste Beispiel der städtischen Handwerkskunst ist La Scala, eine 142-stufige Treppe aus Majolika-Kacheln, die von der Piazza del Municipio zur Kirche Santa Maria del Monte (18. Jh.) hinaufführt. Das Schaffen der heutigen Töpfer kann in der Mostra Mercato Permanente am Fuß der Treppe bewundert werden. Zudem gibt es ein gutes Keramik-Museum im Stadtgarten an der Via Roma. Die Chiesa San Giorgio am Ende der Via Luigi Sturzo (nördlicher Stadtrand) besitzt eine schöne *Trinità*, die Rogier van der Weyden zugeschrieben wird.

▶ DIE NORDKÜSTE
Cefalù, Castelbuono, Termini Imerese, Himera, Santo Stefano di Camastra, Tindari, Milazzo

Die historische Stadt Cefalù östlich von Palermo ist eines der beliebtesten Ferienziele an der Nordküste. Zu seiner Attraktivität tragen das von Italienern rege besuchte nahe Thermalbad Termini Imerese und weitere Familienbadeorte wie Capo d'Orlando bei. Zudem findet man hier interessante archäologische Stätten, etwa das antike Himera und Tindari. Milazzo ist der Ausgangshafen für die Fährboote nach den Äolischen Inseln.

Cefalù
Die Hafenstadt auf einem schmalen Landstreifen zwischen dem Meer und zerklüfteten Klippen ist wegen ihres Doms aus dem 12. Jh. bekannt, einem Meisterwerk normannischer Architektur. Heute kommen die Einheimischen und Urlauber auch, um den wunderschönen Sandstrand zu genießen, der im Westen Cefalùs einen weitläufigen Bogen beschreibt. Zwischen Hafen und Strand kann man durch die engen Gässchen eines bezaubernden mittelalterlichen Viertels schlendern, das an die arabische Zeit erinnert.

Duomo
König Roger II. ließ diese mächtige romanische Festungskirche 1131 ursprünglich als Pantheon beginnen; daraus entstand schließlich der Dom, der erst im folgenden Jahrhundert fertig gestellt wurde. Die Zwillingstürme des Gotteshauses – mit einem im 15. Jh. beigefügten Säulenportal dazwischen – haben die Proportionen von Minaretten. Sowohl sie als auch die verschlungenen Bogen der Apsis weisen auf die Mitarbeit arabischer Architekten hin. Im Innern steht rechts ein schönes romanisches Taufbecken. Hinter dem Hochaltar ist ein hölzernes Kruzifix aus dem 15. Jh. zu sehen. Die Gewölbe der Apsis sind mit reichen byzantinischen Mosaiken aus dem Jahre 1148 verziert. In ihrem Zentrum wird Christus Pantokrator dargestellt, mit der Jungfrau Maria, den Erzengeln und den Propheten über ihm. Im Seitengewölbe sind verschiedene Engel und Seraphe abgebildet.

Museo Mandralisca
Dieses Museum in der Via Mandralisca 13 westlich der geschäftigen Piazza del Duomo zeigt Kunstwerke aus der Antike und Gemälde aus dem 15.–19. Jh. Zu den wichtigsten Ausstellungsstücken gehören ein griechischer Weinkrug von der Insel Lipari

aus dem 4. Jh. v. Chr., auf dem ein Tunfischhändler dargestellt ist, und das berühmte *Porträt eines Unbekannten* von Antonello da Messina (1470).

Westlich des Museums windet sich eine Treppe zu einem in den Fels gehauenen arabischen Badehaus empor.

Griechische Befestigungen

Entlang der Küste im Norden der Kathedrale erstrecken sich die Reste der antiken griechischen Stadtmauern. Teile der Wälle wurden im 16. Jh. der Festung Capo Marchiafava einverleibt.

La Rocca

Von der Piazza Garibaldi führt neben dem Gebäude des Banco di Sicilia eine Treppe auf den Hügel oberhalb der Stadt. Hier befinden sich ein Diana-Tempel und die Ruinen der Verteidigungsanlagen aus byzantinischer Zeit. Der einstündige Aufstieg zwischen duftenden Pinien-, Oliven- und Zypressenbäumen wird mit einem wunderbaren Ausblick auf die Stadt und das Meer belohnt.

Castelbuono

Eine 45-minütige Fahrt von Cefalù Richtung Süden führt durch Mandel- und Olivenhaine zu diesem hübschen Städtchen auf einem Hügel. Die aus dem 14. Jh. stammende Chiesa Matrice Vecchia wartet mit einem eleganten Renaissance-Portikus auf. Im Innern fällt das schöne Polyptychon aus dem 16. Jh. auf dem Hauptaltar auf. Die Kapelle Sant'Anna im mittelalterlichen Kastell ist mit barocken Stuckverzierungen von Giacomo Serpotta geschmückt.

Termini Imerese

Das Thermalbad westlich von Cefalù ist seit römischer Zeit beliebt wegen seiner heilenden Wasser und steht immer noch hoch in der Gunst der italienischen Feriengäste. Sie lassen sich auch von den Industrieanlagen in der Unterstadt nicht abschrecken. Die Oberstadt kann mit einem schönen Dom aus dem 16. Jh. aufwarten, in dessen Innenraum einige viel bewunderte Renaissance- und Barock-Skulpturen zu sehen sind. Das nahe Belvedere

---

HÖHEPUNKTE

- **Cefalù** – großartiger Normannendom und Badestrände.
- **Santo Stefano di Camastra** – handbemalte Keramik jeglicher Art.
- **Tindari** – eine Freiluft-Vorstellung im griechischen Theater.

HIMERA • SANTO STEFANO DI CAMASTRA • TINDARI • MILAZZO

Principe Umberto bietet eine reizvolle Aussicht auf die Küste.

Himera

Zwischen Termini Imerese und Cefalù liegt das archäologisch interessante Schlachtfeld von Himera, wo die Syrakuser und Agrigenter 480 v. Chr. die Karthager besiegten. An der Stätte des Triumphs wurde ein riesiger dorischer Sieges-Tempel erbaut, von dem noch Ruinen zu sehen sind. Auf der Akropolis südlich des Heiligtums haben Archäologen aus Palermo Überreste dreier kleinerer Tempel und eine Nekropolis freigelegt. Ein Museum stellt einige der Fundstücke aus.

Santo Stefano di Camastra

Der Ferienort 32 km östlich von Cefalù ist bekannt für seine handbemalte Keramik jeglicher Größe, Form und Farbe; die hübschen Töpferwaren werden in Geschäften entlang der Hauptstraße feilgeboten. Das Keramikmuseum im Palazzo Sergio, einst Sitz des Herzogs von Camastra, dokumentiert die 400-jährige Geschichte dieser Handwerkstradition.

Tindari

Die heutigen Ruinen der ursprünglich griechischen Kolonie Tyndaris, die 396 von Syrakusern gegründet wurde, stammen aus römischer Zeit. Der Pfad zur Ausgrabungsstätte beginnt bei einem Pilger-Heiligtum, das seit den 1960er-Jahren einer »wundertätigen« schwarzen Madonna gewidmet ist. Entlang der ehemaligen Hauptstraße wurden römische Läden, Tavernen und Häuser freigelegt. Auch ein Badehaus samt Rohrleitungen und eine beachtliche Basilika kamen zum Vorschein. Das griechische Theater aus dem 3. Jh. v. Chr. bauten die Römer in eine Arena für Gladiatorenkämpfe um; nun finden hier im Sommer Aufführungen klassischer Dramen statt – gleichzeitig kann man die wunderbare Aussicht über das Meer auf die Halbinsel Milazzo genießen. Im Ortsmuseum ist unter anderem ein riesiger Kopf des Kaisers Augustus sehenswert.

Milazzo

Von hier legen die Fähren zu den Liparischen Inseln ab. Ein Abstecher in die von Befestigungsmauern umgebene Stadt lohnt sich jedoch: Besuchen Sie die von Friedrich II. im 13. Jh. errichtete (später von den Spaniern umgebaute) Burg und den barocken Duomo Vecchio von 1608; der Duomo Nuovo mit seiner Silberkuppel stammt aus dem 20. Jh. Die Halbinsel Capo di Milazzo mit ihren Stränden, Cafés und Restaurants ist ein beliebtes Ausflugsziel.

LIPARISCHE INSELN
Lipari, Vulcano, Stromboli, Panarea, Salina, Filicudi, Alicudi

Dieser Archipel vor der Nordostküste Siziliens (ebenfalls als Äolische Inseln bekannt) eignet sich sowohl für Tagesausflüge mit dem Tragflügelboot von Palermo, Cefalù, Messina oder Milazzo aus als auch für einen geruhsamen längeren Aufenthalt. Im Herbst und Winter macht Äolus, der griechische Gott der Winde, seinem Namen auf der nach ihm benannten Inselgruppe alle Ehre. Den Rest des Jahres aber scheint hier die Sonne, wobei manchmal ein Vulkanausbruch die sommerliche Hitze noch verstärkt. Alle sieben Inseln sind vulkanischen Ursprungs mit Bimssteinablagerungen und (zum Teil) schwarzen Stränden. Doch nur Vulcano und Stromboli haben noch aktive Kegel, die allerdings selten bedrohlich werden. Diese beiden sind zusammen mit der Hauptinsel Lipari die am meisten besuchten Eilande; die übrigen locken mit idyllischer Ruhe und abgeschiedenen Stränden.

Die Inseln haben eine andere Vergangenheit als das übrige Sizilien. Bereits in prähistorischen Zeiten zog der Handel mit Werkzeugen und Waffen aus messerscharfem Obsidian (vulkanisches Gesteinsglas) geschäftstüchtige Menschen aus dem ganzen Mittelmeergebiet an. In der Antike wurde der Archipel von griechischen Flüchtlingen aus den Kriegen zwischen Segesta und Selinunte besiedelt. Die Bewohner brachten es zu Reichtum, indem sie vorbeisegelnden Piraten die Beute abjagten und selber auf Raubzug gingen. Doch 1544 unterlagen sie dem blutrünstigen Korsaren Khair ed-Din Barbarossa. In jüngerer Zeit dienten die Inseln als Gefängnis für politische Sträflinge und Mafiosi.

Lipari
Die größte Insel der Gruppe ist auch die lebhafteste, geprägt von Kiesel- und schwarzen Sandstränden und mediterraner Landschaft. Dunkelgrüne Macchia (Buschwerk), farbenprächtige Bougainvilleas, wilde Geranien und Feigenkakteen dominieren das Bild. An der Nordküste wurde vor kurzem die Bimsstein-Industrie wieder aktiviert – für Kosmetika, Pharmazeutika und erdbebensicheres Baumaterial.

Lipari-Stadt
Die Altstadt an der Stelle der einstigen Akropolis wird überragt vom Castello, dessen massive Mauern die Geschichte des Ortes

erzählen. So sind Spuren aus der Bronzezeit, von Griechen und Römern, aus dem Mittelalter und dem 18. Jh. auszumachen – all dies wird im ausgezeichneten Archäologischen Museum veranschaulicht. Die von den Normannen errichtete Kathedrale präsentiert sich heute als Barockbau. Die silberne Statue aus dem 18. Jh. im Innern stellt Bartholomäus, den Inselschutzheiligen, dar und wird besonders verehrt.

Museo Eoliano

Die Jahrtausende umspannende Geschichte der Liparischen Inseln findet man in konzentrierter Form im faszinierenden Archäologischen Museum, das im ehemaligen Bischofspalast und in mehreren Gebäuden rund um die Kathedrale untergebracht ist. Im ersten Stock des Palastes sind zusammen mit tönernen Grabbeigaben die berühmten über 6000 Jahre alten Obsidian-Werkzeuge und -Waffen ausgestellt, die den Inselbewohnern schon früh zu Wohlstand verhalfen. Im Erdgeschoss können Sie Schmuck und Artefakte von der Eisenzeit bis zur Ankunft der ersten griechischen Siedler bewundern. Links der Kathedrale befindet sich die klassische Abteilung mit Skulpturen und Keramik von Griechen, Römern und Byzantinern. Zu den herausragenden Töpferwaren gehören die mit leuchtend roten Figuren bemalten Weinkelche aus dem 4. Jh. v. Chr., die von Paestum auf dem Festland hergebracht wurden, und die wunderschönen mehrfarbigen Vasen aus dem 3. Jh. v. Chr., die man dem als »Maler von Lipari« bekannten Künstler zuschreibt. Die Hauptattraktion des Museums ist jedoch die einzigartige Sammlung griechischer Theatermasken aus dem 4. Jh. v. Chr.

Rund um die Insel

Mit dem Bus können Sie bequem die Insel erkunden. Erster Halt ist der bescheidene Kiesstrand bei Canneto, dann folgt die beliebtere Spiagga Bianca, deren Sand allerdings nicht so weiß ist, wie der Name verspricht. Weiter nördlich gelangt man zu den Bimssteinwerken (Cave di Pomice) bei Campobianco. Rund um Fossa delle Rocche Rosse gibt es den einst so begehrten Obsidian. Von Acquacalda und besonders von Puntazze an der Nordküste aus haben Sie eine großartige Sicht auf die andern Inseln, angefangen mit Stromboli im Osten bis zum kleinen Alicudi im Westen. Ein kurzer Ausflug von Lipari Richtung Westen bringt Sie zu den Quattrocchi (Vier Augen), einem Aussichtspunkt, wo zwei Augen absolut genügen für die wunderbare Sicht über die *faraglioni* (Klippen) und das Meer bis nach Vulcano.

Vulcano

Die am nächsten bei Sizilien gelegene Insel ist die erste Anlaufstelle der Tragflügelboote von Milazzo. Im Hafen werden Sie zunächst den beißenden Schwefelgeruch wahrnehmen, der vom Vulkan herweht. Dies und die weiße Dampffahne sind die einzigen Lebenszeichen des Hauptkraters, der 1890 zum letzten Mal ausgebrochen ist. Dennoch prägt der Berg die Insellandschaft mit seinen leuchtenden Farben: grellorange, zinnoberrot und gelb.

Porto di Levante

Der Inselhauptort ist kaum mehr als eine Ansammlung von Bars, Restaurants, Läden und Ferienhäusern. Die Hauptattraktion sind die *fanghi* (Schlammbäder) am Fuß einer gezackten Klippe. Der gelbe, leicht radioaktive Schwefelschlamm soll gut sein gegen Arthritis und Hautleiden.

Porto di Ponente

15 Minuten Fußmarsch Richtung Westen bringen Sie zu diesem kleinen Hafen mit seinem wunderbaren Strand aus schwarzem Vulkansand, angenehmen Cafés und einer schönen Aussicht auf Lipari. Begeben Sie sich am späten Nachmittag zur Halbinsel Vulcanello, die erst 183 v. Chr. durch einen Unterwasserausbruch aus der See auftauchte. Der Anblick des Sonnenuntergangs vom Valle dei Mostri (Tal der Monster) durch die grotesken Lavaformationen und über das Meer ist einmalig schön und unheimlich zugleich.

Gran Cratere

Der einstündige Aufstieg zum Hauptvulkan auf dem gut markierten Weg lohnt sich. Ab und zu ist vielleicht eine Ziege zu sehen, die an einem Stechginsterbusch knabbert, sonst sind kaum Spuren von Leben auszumachen. Da und dort weicht der schwarze Sand eisenhaltiger roter Erde oder gelbem Schwefel, und der Geruch wird immer beißender. Auf dem Gipfel ziehen weiße Dampfschwaden aus dem Krater, aber rundherum sind das Meer und der Himmel beruhigend blau.

HÖHEPUNKTE

- **Lipari** – schöne Strände und das Äolische Museum.
- **Vulcano** – großer Krater und wohltuende Schlammbäder.
- **Stromboli** – hier befindet sich der aktivste der Inselvulkane.
- **Panarea** – die kleinste – ideal zum Tauchen und Segeln.
- **Salina** – auf ihrem Boden gedeihen die Malvasia-Trauben.

Stromboli

Das (tagsüber unsichtbare) nächtliche Schauspiel purpurroter Funken und glühender Gesteinsbrocken, die der Vulkan regelmäßig ausspuckt, machen aus der nördlichsten der Liparischen Inseln etwas Besonderes. Roberto Rossellini verewigte sie in einem Film, den er 1949 mit Ingrid Bergman in der Hauptrolle drehte. Hier ließ auch Jules Verne seine Helden aus der *Reise zum Mittelpunkt der Erde* wieder auftauchen. Ein Ausflug auf Stromboli mit Vulkanbesteigung ist unvergesslich.

Stromboli-Stadt

Die Ortschaft Stromboli an der Nordostküste besteht aus drei Weilern zwischen der Küste und dem Fuß des Vulkans. Vom Scari-Hafen aus führt die Straße Richtung Norden zu den schwarzen Sandstränden bei Ficogrande. In San Vincenzo im Inselinnern steht in der Nähe der Kirche das rote Haus, in dem Ingrid Bergman während der Dreharbeiten zum Film *Stromboli* wohnte. Die Küste entlang nach Westen gelangt man nach Piscita mit einem schönen Vulkanasche-Strand.

Der Vulkan

Man kann alleine oder in einer geführten Tour zum 924 m hohen Krater aufsteigen. Der Marsch dauert drei bis vier Stunden, eine bleibt man oben, zwei braucht es für den Abstieg (nehmen Sie genug Trinkwasser mit!). An den unteren Hängen wachsen Feigenkakteen und Reben, weiter oben typische Mittelmeerbüsche und schließlich gelber, purpurner und weißer Ginster. Dann wird die Landschaft karg, nur ab und zu vom Glühen des Kraters erhellt.

Bootsausflüge

Von Scari aus wird eine dreistündige Bootsrundfahrt angeboten. Sie führt am Strombolicchio vorbei, einem 49 m hohen Basaltkegel, der rotbraun, blau und weiß gestreift ist. Die Tour macht auch Halt im Dorf Ginostra mit seinen weiß getünchten Häusern. Besonders schön sind nächtliche Ausflüge, die einmalige Ausblicke auf den Lava speienden Berg bieten.

Panarea

Das Eiland nordöstlich von Lipari ist kaum 3 km lang und 1,5 km breit. Panarea ist bei Wassersportlern wegen der guten Kieselstrände und der Felseninselchen vor der Küste sehr beliebt. Bei Punta Milazzese wurden die Überreste eines Dorfes aus der Bronzezeit ausgegraben. Die Bucht Cala Jonco wird von Schwimmern und Schnorchlern geschätzt.

Salina

Die Zwillingskegel des Vulkans verleihen dieser Insel eine unverkennbare Silhouette. Die Krater

SALINA • FILICUDI • ALICUDI

Panarea ist die kleinste und – in den Augen vieler Besucher – die schönste der Liparischen Inseln.

sind erloschen, haben aber fruchtbaren Boden hinterlassen. Hier wachsen Kapern und Malvasia-Trauben, aus denen süßer Dessertwein gekeltert wird. Die Fähren legen in Santa Marina Salina an; nördlich des hübschen Hafens gibt es einen Kieselstrand. Die beste Bucht zum Schwimmen erstreckt sich bei Pollara an der Nordwestküste. Hier wurden Szenen zum Film *Il Postino* gedreht.

Filicudi
Die Insel im Westen Salinas zeichnet sich durch eine Gruppe erloschener Krater aus. Auf den höchsten, den Fossa dei Felci (774 m), führt ein Wanderweg. Östlich von Filicudi Porto bei Capo Graziano gibt es Überreste eines prähistorischen Dorfes zu besichtigen. Unter den einsamen Buchten, die nur mit dem Boot zu erreichen sind, ist die Höhle der Grotta del Bue Marino an der Westküste sehr zu empfehlen.

Alicudi
Auf der westlichsten und abgelegensten der Liparischen Inseln gibt es nur ein einziges Dorf mit blumengeschmückten Häusern, einige Fischer, Bauern und Esel, um Sie willkommen zu heißen. Der Aufstieg auf den 675 m hohen Filo dell'Arpa belohnt Sie mit einer großartigen Aussicht.

Kulturnotizen

Arabische Kunst

Die Unterwerfung der arabischen Herrscher Siziliens durch die Normannen führte zur Beseitigung fast aller islamischer Gebäude. Doch die Kunst der arabischen Architekten und Handwerker wurde in die neuen Monumente integriert. Farbige Halbkuppeln, hufeisenförmige oder sich überschneidende Bogen prägen viele Kirchen von Palermo, Monreale und Cefalù. Wissenschaftler stellten fest, dass Glockentürme die Proportionen von Minaretten aufweisen. Im Innern einiger Gotteshäuser wie der Cappella Palatina in Palermo haben maurische Kunsthandwerker Wabendecken mit Stalaktitengewölben geschaffen. Wände und Strebebogen sind mit geometrischen Arabesken und Blumenmustern geschmückt, manchmal sogar mit eckigen kufischen Inschriften oder arabischen Kalligraphien. In den Keramikateliers von Caltagirone werden die Glasur- und Farbtechniken der Araber immer noch angewandt.

Archimedes

Der berühmteste griechische Mathematiker verbrachte die meiste Zeit seines Lebens in Syrakus, wo er um 290 v. Chr. geboren wurde, reiste aber auch nach Ägypten, um mit griechischen Wissenschaftlern in Alexandria zu studieren. Als er die Silber- und Gold-Proportionen eines Kranzes für den König abmaß, soll Archimedes beim Betrachten der Wasserhöhe in seiner Badewanne über die Verdrängung nachgedacht und so das Prinzip des spezifischen Gewichts entdeckt haben. Ob er tatsächlich nackt auf die Straße rannte und »Heureka!« schrie, ist nicht belegt. Ihm wird auch die Erfindung eines gewundenen Wasserpumpsystems zugeschrieben – der nach ihm benannten Archimedischen Spirale –, das in den Salinen an Siziliens Westküste noch in Gebrauch ist. Seine Maschinerie gegen Belagerungen hielt die römische Flotte ein Jahr in Schach, bevor er beim Sturm auf Syrakus 212 von einem Soldaten getötet wurde. Über 150 Jahre später fand der römische Staatsmann Cicero das Grab des Mathematikers mit dem Diagramm seines beliebtesten Lehrsatzes: der Berechnung des Kugel-Umfangs.

Barock

Diese Stilrichtung des 17. und 18. Jh. ist in Sizilien allgegenwärtig. Das Erdbeben, das 1693 den Südosten der Insel verwüstete, schuf Raum für Experimente. Sanft geschwungene Fassaden ersetzten die eckigen Formen der Gotik und Renaissance. Die Balkone der Palazzi wurden mit einer Fülle geschnitzter Engel, Monster und Cherubim überladen, die Innenräume mit Wandverkleidungen in leuchtenden Farben, luxuriösen Vergoldungen und Marmor ausstaffiert. Rosario Gagliardi aus Syrakus und Giovanni Battista Vaccarini aus Palermo drückten Catania, Noto, Modica und Ragusa ihren Stempel auf. Giacomo Serpotta und seine Familie zeichneten für den Marmorschmuck und die Stukkatur in Kirchen auf der ganzen Insel verantwortlich. Caravaggio inspirierte diese geistesverwandte Atmosphäre zu seinen letzten Meisterwerken in Syrakus und Messina.

Empedokles
Der Gelehrte, laut Legende ein selbst ernannter Gott, wurde um 490 v. Chr. in Agrigent geboren und starb rund 60 Jahre später auf dem griechischen Peloponnes – und eher nicht bei seinem angeblichen Sprung in den Ätna. Er war ein vielseitig talentierter Mann: Dichter, Heilkundiger, Staatsmann und Philosoph.

Lampedusa, Giuseppe di
Mit seinem einzigen Roman *Il Gattopardo* (Der Leopard) erwies sich der in Palermo geborene Prinz (1896–1957) als echter Aristokrat der italienischen Literatur. Seine psychologische Studie über Don Fabrizio, den Prinzen von Salina, zeichnet ein kompromittierendes Bild Siziliens und seiner alteingesessenen bourbonischen Aristokratie zum Zeitpunkt, als das neue Königreich Italien 1860 die Macht übernahm.

Antonello da Messina
Der bekannteste Maler Siziliens (1430–79) war ein Meister der Formgebung durch leuchtende Farben. Die Begegnung mit flämischen Künstlern in Neapel ermöglichte ihm, ihre Maltechniken in Venedig und später in Sizilien einzuführen. Die höchst realistisch und plastisch gemalten Figuren in all seinen Bildern strahlen eine große psychische Kraft aus. Die Werke, die er in Messina von 1457 bis zu seinem Tod schuf, sind heute in Palermo, Syrakus und seiner Heimatstadt Messina ausgestellt, aber auch in der Nationalgalerie in London und im Louvre in Paris.

Pirandello, Luigi (1867–1936)
Der in Agrigento geborene, 1934 mit dem Nobelpreis für Literatur ausgezeichnete Schriftsteller wurde durch seine Stücke bekannt, etwa *Sechs Personen suchen einen Autor*. Die Figuren seines »Theaters im Theater« machen sich auf die Suche nach ihrer Identität – ein höchst sizilianisches Problem.

Essen und Trinken

Wie die Insel selbst ist auch Siziliens Küche nicht mit derjenigen vom Festland vergleichbar. Die Einflüsse sind so vielfältig wie die Geschichte – griechisch, arabisch, spanisch –, hinzu kommt eine eigene Note durch die saftigen Gemüse und Früchte.

Vorspeisen

Einige der klassischen Appetitanreger können Sie an Straßen- oder Marktständen kosten: *arancini* (kleine Orangen), in Wirklichkeit fritierte Reisbällchen mit Käse, Erbsen und Hackfleisch, *panelle*, Kichererbsen-Beignets, und *pani cu' la meuza*, eine mit Fleischpaste gefüllte Brotrolle.

Zwei farbenfrohe *primi piatti*: *peperonata,* in Olivenöl angebratene rote, gelbe und grüne Peperoni, und *caponata,* geröstete Auberginen mit Tomaten und Oliven, kalt serviert. Muscheln *(cozze)* sind als *pepata* in einer pikanten Tomatensauce oder als Suppe, *zuppa di cozze*, erhältlich.

Pasta

Eine Köstlichkeit, die sich von Palermo über die ganze Insel verbreitet hat, ist *pasta con le sarde*, Makkaroni mit Sardinen, Trauben und Pinienkernen. *Spaghetti alla trapanese*, eine würzige Spezialität der Westküste, kommen mit einer kalten Sauce aus Tomatenpüree, Knoblauch und Basilikum auf den Tisch. *Pasta alla carrettiere* ist eine Variante des bekannten *aglio, olio* (Knoblauch und Öl) mit Pecorino-Käse und Pfeffer. *Ripiddu nivicatu* heißt ein »explosives« Risotto-Gericht: der Reis wird in schwarzer Tintenfisch-Sauce gekocht, wie der Ätna aufgetürmt und mit Ricotta und Tomatenpüree übergossen.

Hauptgerichte

Tunfisch, Schwertfisch, Sardinen und andere Meerestiere werden oft nur gegrillt oder gebraten und mit einer Zitronensauce serviert. Palermos *sarde a beccafico* sind Sardinen, gefüllt mit Brotkrumen, Trockenfrüchten, Nüssen und gehackten Sardellen. Trapani erinnert sich seiner arabischen Vergangenheit mit einem *couscous*, gedämpftem Grieß, das mit Fisch und Gemüse serviert wird. Zwei Fleischgerichte sind besonders populär an der Südküste rund um Agrigento: *capretto al forno*, im Ofen gebackenes Ziegenfleisch, und *coniglio in agrodolce,* Kaninchen in einer süß-

ESSEN UND TRINKEN

Liebhaber von gelato *haben die Qual der Wahl. Man kann hier sogar schon zum Frühstück Eis essen – in ein Brioche gefüllt.*

sauren Sauce. Probieren Sie auch *scaloppine di maiale al marsala*, Schweineschnitzel an Marsala-Sauce.

Nachtisch

Sizilianisches Eis *(gelato)* wird seinem Ruf gerecht. Entdecken Sie echte *cassata*, Eis-Cake aus Ricotta, kandierten Früchten und manchmal gehackten Mandeln. Eine erstaunliche Spezialität aus Palermo ist *scumuni*, Pistazien-Eis mit (süßen) geschlagenen Eiern in der Mitte. Köstlich sind *cannoli*, mit gesüßter Ricotta gefüllte Teigröhrchen. Vom arabischen Einfluss zeugen die *frutta di Martorana* aus Marzipan.

Getränke

Versuchen Sie einen roten, rosé oder weißen Etna *(rosso, rosato, bianco)* von den Reben der fruchtbaren Vulkanhänge. Ein kräftiger roter oder weißer *Cerasuolo* kommt aus Vittoria an der Südküste. *Donnafugate* heißt ein fruchtiger Weißwein, *Bianco di Alcamo* ist in der Gegend von Trapani verbreitet. Der bis zu 10 Jahre alte *Marsala* ist der berühmteste Dessertwein Siziliens. Manchmal wird er mit *grappa* gemischt zum *mistella*. Von den Liparischen Inseln stammt der *Malvasia di Lipari* (auf Salina produziert). *Limoncello* ist ein beliebter Zitronenlikör.

Einkaufen

Heutzutage findet man das jahrhundertealte Kunsthandwerk der Insel eher in Museen als in Geschäften. Hier eine Auswahl traditioneller Erzeugnisse, die immer noch hergestellt werden.

Puppen

In Palermo bieten Antiquitätenhändler seltene (und teure) Originale aus den großartigen alten Puppentheatern Siziliens an. Hübsch angefertigte Kopien – einschließlich der Inselhelden Orlando, Rinaldo und Bradamante – sind in den Läden rund um das Teatro Carlo Magno, Teatro di Mimmo Cuticchio und die Opera dei Pupi und auch in Trapani zu finden.

Carretti

Souvenirläden verkaufen Miniaturen der farbenfrohen hölzernen Pferdewagen, die bis zum 2. Weltkrieg auf den Straßen der Insel verkehrten.

Keramik

Caltagirone im südlichen Inselinnern und Santo Stefano di Camastra an der Nordküste halten beide die Tradition der handbemalten Töpferwaren und Majolika-Kacheln aufrecht. Auch in Palermo, Catania und Sciacca werden schöne Keramik- und Töpferwaren hergestellt.

Papyrus und Korbwaren

In der PICA-Werkstatt in Syrakus fertigt man Gegenstände aus Papyrus immer noch in der althergebrachten Manier an. Handgeflochtene Körbe sind eine Spezialität des Badeortes Bagheria bei Palermo.

Frutta di Martorana

Diese Süßigkeiten – perfekte Marzipanimitationen aller nur erdenklichen Früchte – haben ihren Namen vom Kloster Martorana in Palermo, das sie im Mittelalter herstellte. Eingeführt wurden sie wahrscheinlich aber von den Arabern. Heute sind sie überall auf der Insel erhältlich.

Weine und Spirituosen

Die beste Auswahl an süßen Marsala-Dessertweinen findet sich natürlich in der gleichnamigen Stadt, aber man kann sie und den Mistella-Likör (mit Zusatz von *grappa*) auch in andern größeren Städten kaufen. Halten Sie Ausschau nach dem köstlichen Malvasia-Wein, der auf den Liparischen Inseln gekeltert wird.

Sport

Wassersport
Schwimmen, Schnorcheln und Sporttauchen ist entlang der Küsten Siziliens eine wahre Freude – solange man um die Industriegebiete bei Palermo und Catania einen großen Bogen macht. Die besten Strände an der Ostküste sind bei Taormina, genauer Giardini-Naxos, zu finden. Die beliebtesten Badeplätze der Nordküste liegen rund um Cefalù und Capo d'Orlando, sowie westlich von Palermo bei Mondello, Scopello, Castellammare del Golfo und San Vito Lo Capo. Ruhigere Strände können Sie in den Buchten des Zingaro-Naturreservats genießen. Mit dem schönsten weißen Sand der Südküste wartet Eraclea Minoa auf. Die Liparischen Inseln bieten außergewöhnliche Strände mit schwarzem Vulkansand oder Kieselsteinen. Sie sind dank der Winde im Frühjahr und gegen Ende des Sommers Siziliens beste Surf- und Segel-Adresse.

Wandern
Auf der Insel gibt es wenig markierte Wanderwege. Doch die wachsende Zahl von Naturreservaten verbessert die Bedingungen – Karten sind in Parkzentren erhältlich. Im wunderschönen Zingaro-Reservat an der Nordküste kann man herrliche, lange Spaziergänge über die Klippen unternehmen. Für Bergwanderungen eignen sich das Nebrodi-Gebirge, der Ätna und die Madonie-Berge südlich von Cefalù. Die Nekropolis von Pantalica liefert einen wunderbaren Vorwand für eine aussichtsreiche Tour. Im Süden empfehlen wir einen Ausflug durch die Aragona-Hügel im Hinterland von Agrigento.

Reiten
In Pantalica und im Naturreservat am Ciane-Fluss werden großartige Trekkings durch das Hinterland von Syrakus angeboten. Auch in Catania gibt es einige Ställe. Pferdeliebhaber, die es etwas gemütlicher mögen, können sich die Tiere auf der Rennbahn *(ippodromo)* im Parco della Favorita in Palermo anschauen.

Skifahren und -wandern
Für Skiwanderungen oder Ausflüge mit Schneeschuhen am Ätna wendet man sich am besten an das *Ente Parco dell'Etna*, das jeden Sonntag solche Exkursionen in Begleitung eines Führers organisiert. In den Madonie-Bergen südlich von Cefalù gibt sich Piano Battaglia ganz als alpiner Wintersportort.

Wichtiges in Kürze

Autofahren
Um einen Wagen zu mieten, müssen Sie einen Reisepass und einen gültigen Fahrausweis besitzen und älter als 21 Jahre sein. Die Höchstgeschwindigkeit beträgt innerhalb von Ortschaften 50 km/h, außerhalb 90 km/h, auf Schnellstraßen 110 km/h und auf Autobahnen 130 km/h. Sizilianer fahren schnell, aber meist weniger ungeduldig als Italiener auf dem Festland. Denken Sie daran, dass im Sommer viele Feriengäste auf Sizilien unterwegs sind. Benutzen Sie den Wagen nur für Überlandfahrten – es hat keinen Sinn, sich ins Verkehrschaos von Palermo und Catania zu wagen. Bergstraßen sind holprig, aber es gibt ein gutes Autobahnnetz, das Catania, Messina, Palermo und Trapani verbindet. Benzin ist relativ teuer. Viele Tankstellen schließen am frühen Samstagabend und bleiben manchmal den ganzen Sonntag zu.

Einreise
Für Deutsche, Österreicher und Schweizer genügt ein Personalausweis (Identitätskarte). Die Ein- und Ausfuhr einheimischer und ausländischer Währung ist unbeschränkt, doch besteht Deklarationspflicht ab 10 000 €.

Beachten Sie, dass Sie für die Einfuhr mancher rezeptpflichtiger Medikamente ein offizielles Arztzeugnis benötigen.

Für Reisende aus EU-Ländern ist der Warenverkehr für private Zwecke weit gehend zollfrei; es gibt nur gewisse obere Richtmengen. Für Nicht-EU-Bürger gelten bei der Einfuhr nach Italien folgende Beschränkungen: 200 Zigaretten oder 100 Zigarillos oder 50 Zigarren oder 250 g Tabak, 1 l Spirituosen und 2 l Wein oder andere Getränke bis zu 22% Alkoholgehalt.

Feiertage und Feste
1. Januar   Neujahr
6. Januar   Dreikönigstag
25. April   Tag der Befreiung
1. Mai   Tag der Arbeit
15. August   Mariä Himmelfahrt
8. Dezember   Mariä Empfängnis
25. Dezember   Weihnachten
26. Dezember   St. Stephanstag

Beweglich: Ostermontag. Religiöse und heidnische Feste: Karneval in Taormina und Acireale (Februar); Fest der hl. Agatha in Catania (3. Februar); schöne Osterprozessionen in Trapani, Marsala, Piana degli Albanesi und Enna; in Palermo Feierlichkeiten für die Schutzpatronin Santa Rosalia (11. Juli); in Piazza Armerina am 13./14. August ein prächtiges mittelalterliches *Palio*-Turnier, in Messina am 15. August das *ferragosto*-Feuerwerk.

Flughäfen

Alle internationalen Linienflüge kommen über Pisa, Mailand oder Rom nach Catania oder Palermo. Nur Chartermaschinen fliegen Sizilien direkt an. In den Terminals gibt es Banken, Autoverleihfirmen, Informationsschalter, Läden, Restaurants und Snack-Bars. Wenn Sie keinen Abholdienst mit Ihrem Pauschalarrangement gebucht haben, bringen Sie Taxis und Flughafenbusse zu den größeren Ferienorten.

Geld

Der Euro (€ oder EUR), unterteilt in 100 Cent (ct). Münzen von 1, 2, 5, 10, 20 und 50 Cent, 1 und 2 Euro; Scheine von 5, 10, 20, 50, 100, 200 und 500 Euro.

Gesundheit

Die medizinische Versorgung ist allgemein auf hohem Niveau; Ärzte und Krankenhauspersonal sprechen oft Englisch oder Deutsch. Viele Medikamente sind rezeptfrei erhältlich, werden aber unter anderen Namen verkauft. Nehmen Sie Ihre Medikamente in ausreichender Menge mit.

EU-Bürger und Schweizer haben Anspruch auf praktisch kostenlose Notfallversorgung (geringe Kostenbeteiligung, wie sie für die Einheimischen gilt). Dafür müssen Sie bei der Krankenkasse vor Abreise das Formular E 111 anfordern. In Deutschland ist das Formular am 1. Juni 2004 durch die EU-Krankenversicherungskarte ersetzt worden; ab 2006 wird diese Karte auch von Österreich und der Schweiz eingeführt. Wer will, kann auch eine Reisekrankenversicherung abschließen.

Auf Sizilien kann es sehr heiß werden. Schützen Sie sich vor der Sonne, trinken Sie genug Wasser, und meiden Sie zu viel Alkohol.

Klima

In Sizilien dauert der Sommer von Mai bis Oktober, manchmal bis November. Er ist in der Regel heiß und trocken. Die Temperaturen steigen im Juli und August häufig über 30 °C und sind im Juni und September kaum tiefer. Dafür können Sie sich im Meer oder in den Bergen abkühlen. Milder ist es an der Küste im Mai und Oktober. Zwei Sommerwinde wehen über die Insel: der kühlende *maestrale* oder Mistral aus Nordwesten und der drückendheiße *scirocco* aus dem Süden. Die Winter sind an der Küste mild, in den übrigen Gebieten meist kalt und regnerisch. Im gebirgigen Inselinneren schneit es gelegentlich. Der Frühling ist besonders schön im März und

April, wenn die Mandelbäume in Blüte stehen und bereits frische Erdbeeren zu haben sind.

Kommunikation
Italien hat ein modernes Telekommunikations-System. Telefonieren Sie mit einer Karte von einer Kabine aus; das ist viel billiger als das Hotel-Telefon.

Medien
Europäische und internationale Zeitungen können Sie in großen Touristenorten kaufen. Die italienischen Fernsehanstalten strahlen nur Sendungen in der Landessprache aus. Größere Hotels verfügen über Satelliten-Anschluss.

Notfälle
Krankenwagen/Erste Hilfe 113; Carabinieri (Polizei) 112; Pompieri (Feuerwehr) 115.

Öffentliche Verkehrsmittel
Die staatliche Eisenbahn (FS: Ferrovie dello Stato) verbindet größere Städte. Die häufigsten Züge verkehren zwischen Catania, Syrakus und Messina, etwas weniger von und nach Palermo sowie im Westen Siziliens. Zwei auf der ganzen Insel tätige Busunternehmen (AST und SAIS) und zahlreiche lokale Betreiber decken den Busverkehr ab. Für die Erkundung ländlicher Gegenden und bei Wanderungen empfehlen sich die SAIS-Busse, eine langsame, aber vergnügliche Art zu reisen. Klären Sie vorher ab, ob es eine Rückfahrmöglichkeit gibt. In Palermo und Catania existiert ein städtisches Busnetz.

Öffnungszeiten
Die folgenden Öffnungszeiten sind lediglich Anhaltspunkte und können von Ort zu Ort variieren.
Banken: Montag bis Freitag von 8.30–12.45 Uhr. *Geschäfte*: Montag bis Samstag von 8–13 Uhr und von 15.30–19.30 Uhr. *Museen*: Erkundigen Sie sich am besten vor Ort, da die Öffnungszeiten sehr unterschiedlich sind. Die meisten Museen sind nur bis 14 Uhr offen und haben den ganzen Montag geschlossen.

Reisegepäck
Nehmen Sie leichte Baumwollkleider mit. Außer in Taormina oder in anderen Nobelorten brauchen Sie nicht viel förmliche Kleidung. Dafür sollten Sie einen Sonnenhut und für kühlere Abende einen Pullover einpacken. Gute Schuhe sind für Bergwanderungen unerlässlich. Nehmen Sie auch ein Insektenschutzmittel und eine Taschenlampe mit.

Sicherheit
Die Mafiosi sind untereinander gewalttätig, ihre Verbrechen richten sich nicht gegen Touristen. An belebten Orten sind aber oft Taschendiebe am Werk. Tragen

Wichtiges in Kürze

Sie also Geldbörsen, Kameras und Handtaschen diskret und sicher befestigt mit sich. Verwahren Sie Wertsachen und Reisepässe im Hotelsafe, und lassen Sie nichts im Zimmer oder im geparkten Wagen zurück. Nehmen Sie statt größerer Bargeldbeträge Reiseschecks oder Scheckkarten mit, um Geld vom Automaten abzuheben. Meiden Sie in Palermo, Messina, Catania und Syrakus nach Einbruch der Dunkelheit die Hafengegend.

Sprache
In Sizilien wird ein Dialekt gesprochen, doch die meisten Einwohner beherrschen das Standard-Italienisch. In Ferienorten, Hotels und Restaurants spricht das Personal auch etwas Englisch, Deutsch oder Französisch.

Stromspannung
Die Netzspannung beträgt meist 200 V 50 Hz Wechselstrom. Die Steckdosen sind in der Regel europäisch genormt und für Stecker mit zwei runden Stiften.

Toiletten
Sollten Sie keine Figuren an der Türe finden, achten Sie als Frau auf *Signore* oder *Donne*, als Mann auf *Uomini*. Wer nicht gerne öffentliche Toiletten benutzt, kann auch in eine Bar oder ein Restaurant gehen, sollte aber vorher ein Getränk bestellen.

Touristeninformation
Falls Sie etwas über Museumsöffnungszeiten wissen wollen, Stadt- und Regionalkarten oder Wandervorschläge suchen, können die Büros der *Azienda Autonoma per l'Incremento Turismo (AAPIT)* helfen.

Trinkgeld
In Restaurants- und Hotelrechnungen ist das Trinkgeld inbegriffen. Es ist aber üblich, 5–10% zusätzlich zu geben. Wenn Sie mit der Kreditkarte bezahlen, achten Sie darauf, die Totalsumme auszufüllen, die vom Personal oft nicht notiert wird, damit Sie ein Trinkgeld einsetzen können.

Umgangsformen
Die Sizilianer sind in der Regel ruhig, aber freundlich. Sobald man sie näher kennt, zeigen sich ihr Humor und ihre große Gastfreundschaft. Die Inselbewohner haben sich mittlerweile an das ausgelassene Treiben mancher Touristen gewöhnt. Man erwartet nicht, dass Sie den heimischen Dialekt sprechen, doch die Leute freuen sich, wenn Sie ein paar Worte Italienisch können. Ein *buon giorno* (guten Tag), *buona sera* (guten Abend), *per favore* (bitte), *grazie* (danke) und *prego* (nichts zu danken) sind immer willkommen. Denken Sie daran, sich für den Besuch einer Kirche immer anständig zu kleiden.

LIPARISCHE INSELN

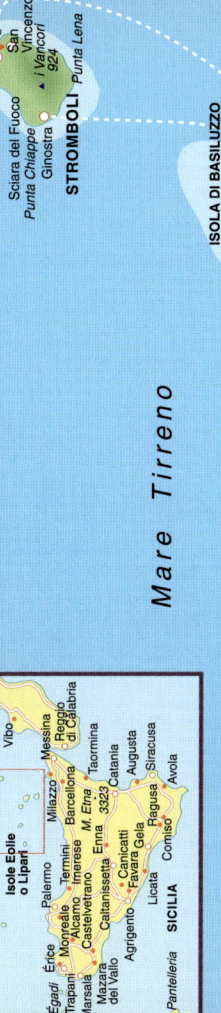

REGISTER

Acireale 66
Ägadische Inseln 37–38
Agrigento 43–44
Álcamo 32–33
Alicudi 83
Ätna 65–66
Bagheria 28–29
Caltagirone 75
Caos 46
Castelbuono 77
Castellammare del Golfo 31
Castello Euriralo 56
Castelvetrano 41
Catania 61–65
Cefalù 76–77
Corleone 28
Eloro 59
Enna 71–73
Eraclea Minoa 46
Érice 36–37
Favignana 37–38
Filicudi 83
Gela 47
Giardini-Naxos 68
Golfo di Castellammare 31–32
Himera 78
Levanzo 38
Lipari 79–80
Liparische Inseln 79–83
Marettimo 38
Marsala 38–39
Mazara del Vallo 39–40
Messina 70
Milazzo 78
Modica 59
Monreale 26–28
Monte Pellegrino 25–26
Monte Tauro 68
Mozia 38
Noto 57–59
Palazzolo Acreide 56–57
Palermo 17–25
Panarea 82
Pantalica 56
Petralia 73
Piana d. Albanesi 28
Piazza Armerina 73
Ragusa 59–60
Salina 82–83
San Vito Lo Capo 32
Santo Spirito 26
Santo Stefano di Camastra 78
Sciacca 47
Scopello 31–32
Segesta 33
Selinunte 40–41
Solunto 29
Stromboli 82
Syrakus 49–55
Taormina 66–69
Termini Imerese 77–78
Tindari 78
Trapani 33–36
Ústica 29
Valle dei Templi 44–46
Villa Romana del Casale 74–75
Vulcano 81
Zingaro, Riserva naturale dello 32

DEUTSCHE FASSUNG
Margrit Pfister
REDAKTION
Marianne Luka-Großenbacher
GESTALTUNG
Luc Malherbe
FOTOS
CORBIS:
–/Stadler: S. 1, 21;
–/Rastelli: S. 6;
–/Archivo Iconografico: S. 10;
–/Royse: S. 58;
Hémisphères:
–/Lescourret: S. 42, 46, 69;
–/Frilet: S. 27, 72;
–/Barbagallo: S. 65, 83;
Rainer Hackenberg: S. 2, 4, 16, 30, 34, 48, 55, 62, 75;
Dominique Michellod: S. 87
KARTOGRAPHIE
Elsner & Schichor;
JPM Publikationen

Copyright © 2004, 1999
by JPM Publications SA
12, avenue William-Fraisse,
1006 Lausanne, Schweiz
information@jpmguides.com
http://www.jpmguides.com/

Alle Rechte vorbehalten, insbesondere das Recht der Vervielfältigung und Verbreitung sowie der Übersetzung. Ohne schriftliche Genehmigung des Verlags ist es nicht gestattet, den Inhalt dieses Werkes oder Teile daraus auf elektronischem oder mechanischem Wege (Fotokopie, Mikrofilm, Ton- und Bildaufzeichnung, Speicherung auf Datenträger oder andere Verfahren) zu reproduzieren, zu vervielfältigen oder zu verbreiten.

Alle Informationen sind sorgfältig überprüft worden, erfolgen aber ohne Gewähr. Der Verlag und sein Kunde übernehmen keinerlei Haftung für allfällige Fehler. Für Berichtigungen, Hinweise und Ergänzungen ist die Redaktion dankbar.

Printed in Switzerland
Weber/Bienne (CTP) — 04/07/01
Ausgabe 2004–2005